「織部好み」の謎を解く

古高取の巨大窯と桃山茶陶の渡り陶工

小山 亘

Koyama Wataru

忘羊社

「織部好み」の謎を解く　もくじ

序章　古高取との出会い ―― 9
古高取の衝撃　10
先達（せんだつ）との出逢い　12
第一章　織部の隠し窯 ―― 17
高取焼の誕生　18
内ヶ磯窯と京三条「せとものや町」　20
高取焼研究小史　23
覆された通説　24
美濃、唐津、上野の古窯と相似　26
「李朝風雑器」の宅間窯、「和風茶陶」の内ヶ磯窯　31
楽山先生の遺言　34
長時間焼成の窯　36
朝鮮陶工と高取の釉薬　38
八蔵親子の蟄居と空白期の謎　42
高取に下った陶工　44

第二章　共振する〝至芸〟　49

初窯土産　50
初窯で焼かれた水指と壺　55
古唐津のような古高取　58
籾殻痕と窯変　63
〝焼き損ない〟の名品　65
「唐津もの」　68
窯の成り立ちと〝窯糞〟　71
美濃、伊賀と内ヶ磯窯　73
「破袋」と「からたち」の焼かれた窯　76
特殊な窯詰め　79

第三章　巨大窯の推進者たち　83

古高取の名物茶入　84
古高取と大徳寺　87
江月と茶入「秋の夜」　88
織部好みと秀吉　92

如水好みの意匠　95
博多の豪商・神屋宗湛の日記　96
唐津藩浪人・五十嵐次左衛門の登用　99
美濃茶入と〝同工異曲〟　100
「三条之今やき候者共」　102
「ヘウケモノ」登場　107
「ヘウケモノ」の水指と窯印（かまじるし）　112

第四章　謎の陶工・別所吉兵衛

伊賀焼の指導者　118
窯印目利（めきき）歌　120
吉兵衛と茂右衛門　122
吉兵衛の出自　124
吉兵衛の窯印　127
「二」印茶入と轆轤目　131
「二」印の志野茶碗　135
陶工の指紋　137
「二」印の〝点と線〟　140

「せとものや町」界隈の出土品　145
窯道具は語る　148
珍品の船徳利　150

第五章　織部六作（ろくさく）　157

織部六作　158
「丁（う）」印、有来新兵衛　160
「○」印は〝耳付〟の宗伯　165
京瀬戸の名工、光存　168
〝にせもの上手〟竹屋源十郎　172
薄作りの水指　175
様々な意匠の釜　178
「唐物（からもの）」上手の万右衛門　180
高取に下った茂右衛門　182
「是（これ）今の名人」弥之助　186

第六章　窯大将（かまだいしょう）・弥之助と「織部高取」　191

伊部の大窯と内ヶ磯窯　192

黄金色の窯変と「王」印　194
内ヶ磯窯の窯大将　197
茶陶の〝痕跡〟と窯籍（かませき）　200
「瀬戸六作」の名工・加藤宗右衛門　203
個性溢れる陶工集団　205
遠州茶入が焼かれた窯　208
白旗山窯と意匠の変化　210
古高取と遠州高取　213
黒田藩と織部流　214

終章　「王」印の謎を追う――219

Ⅰ　「王」印は誰のものか　220
Ⅱ　「念八」茶碗の謎　227
Ⅲ　「王」印の茶陶とその陶工をめぐって　234
Ⅳ　「王」印の割高台（わりこうだい）茶碗について　249

あとがき　253／主要参考文献　257／関連略年譜　260

序章　古高取との出会い

古高取の衝撃

福岡県直方市は、筑前国焼・高取焼発祥の地である。

　この地にはかつて「筑前焼」と呼ばれた高取焼の初代・宅間窯と、それに続いて築かれた内ケ磯窯という二つの窯が存在した。この初期の二窯で焼かれた高取焼は「古高取」と呼ばれ、地元愛好者を中心に今も珍重されている。

　筆者が高取焼に魅せられたのは、東京から直方に転居して二年後の平成十一年（一九九九）秋のことであった。

　その日、直方の町では市民文化祭が催され、各所で様々なイベントが開かれていた。たまたま近くの公民館に立ち寄った筆者は、館内の郷土資料室に展示されていた内ヶ磯窯跡の出土品に目が釘付けとなった。その出土品がまるで釉薬掛けをした備前焼のように見えたからである。長年無施釉陶器*である備前焼に魅せられていた筆者は、施釉の高取焼を全く違う種類の焼きものと考えていた。だが、展示されていた出土品は筆者の固定観念を根底から覆すものだった。これが、高取焼と本格的に関わる発端となった最初の〝事件〟である。

若いころから備前を中心とした全国の窯場を巡り歩き、作陶にも挑戦してきた筆者にとって、備前焼と酷似した意匠をもつ古高取に出会ったときの驚きは言葉で言い表せないものだった。以来、古高取に使われた土や釉薬の究明、窯や焼成の研究など、様々な検証を重ねてきた。その過程で、いくつかの驚くべき事実がわかった。

例えば宅間窯と内ヶ磯窯は、同じ古高取の窯であるにも関わらず、構造や出土品、さらに〝トチン〟（陶枕。茶碗などを載せて焼く柱状の焼台）を始めとした窯道具にも明らかな違いがある。製品について述べると、茶入、茶碗、水指、建水、花入、向付といった、茶席で使われる主要な茶陶が、高取焼発祥の宅間窯跡からはほとんど発掘されない。逆に内ヶ磯窯では、当時一世を風靡した斬新な「桃山様式」の茶陶が、大量の日用雑器とともに焼かれている。

その間、平成十三年（二〇〇一）には内ヶ磯窯跡の発掘調査報告書が公刊され、出土品と伝世品の比較観察や同定作業が本格化した。その結果、唐津や萩を始めとする優品茶陶の多くが、実は内ヶ磯窯で焼かれたものだったことが判明したのである。

典型的な例が、「王」字の窯印が刻まれた一群の沓形茶碗である。この大きく歪んだ茶碗群はまるで金粉をふりまいたかと見まがうほどのあざやかな発色で、これまで古唐津の名品と考えられていたものだった。しかし発掘成果をもとにした考証の結果、〝窯籍〟（その焼きものが生産された窯）が古高取・内ヶ磯窯に変更されることになった。

もちろん、窯籍の判定は単純ではない。出土品との比較はもちろん、使われた土、つくられた形、釉薬の種類、掛け方、窯で焼く温度などの焼成方法、焼き上がりの具合、加えて文書史料など、複数の要素を総合的に吟味して初めて窯籍が特定できるのである。

＊無施釉陶器……釉薬をかけず高温で固く焼き締めた焼きもの。炻器(せっき)ともいう

先達(せんだつ)との出逢い

まだ幼いころ、埼玉県所沢市の茶室で一人の老人に遊んでもらった時のことを今でも鮮明に記憶している。筆者の実家は生花(せいか)業なのだが、生(い)け花の先生に連れられていったその茶室で、黒づくめの衣装を身にまとった白髪の老人が「花屋の坊ちゃん、おじいちゃん達は先にいなくなるんだから今のうちに遊ぼうや」といって相手をしてくれたのだ。後に知ったのだが、その老人こそ、茶陶の蒐集(しゅうしゅう)家として名高い「電力王」、松永安左エ門(やすざえもん)（耳庵(じあん)）翁だったのである。初めて茶陶器に触れることになったその日の出会いが、今の筆者に影響を与えているのは間違いない。

青春期に入ると、焼きものへの関心は日増しに強くなった。そのころ、筆者の焼きものに対する姿勢、考え方を決定づけて下さったのが、育英工業高等専門学校時代の恩師、長谷川徹先生である。長谷川先生は、十八歳の春休み、備前焼の二代目・藤原楽山(らくざん)先生のもとに筆者を導いて下さったかけがえのない方である。

それからというもの、荒川豊蔵、三輪休和、坂高麗左衛門、中里太郎右衛門（無庵）、西岡小十、岡部嶺男など、戦後の焼きものを復興させた多くの先達のもとを訪ねるようになった。そして焼きものの仕事の実際や技法、その土地に伝わる伝承など、貴重な逸話を直に見聞きする機会に恵まれた。

中でも、〝通いの弟子〟のようにして備前の地を訪ねるようになった筆者をかわいがって下さった藤原楽山師とその御家族から教えて頂いた備前焼の逸話や、師だけが知る昔の陶工の伝承、それにまつわるエピソードは、確実に体にしみ込んでいった。

昭和五十八年（一九八三）には「怪物」の異名をとり、桃山茶陶を生涯追い続けた加藤唐九郎翁にもお話をうかがうことができた。翁はそのとき、公刊されて間もない内ヶ磯窯跡の発掘報告書を手にしながら「資料はこういう風にパッと見て一目で解るものが良い」といって絶讃しておられた。

だが正直なところ、直方に移り住み、高取の古窯・内ヶ磯窯跡から掘り出され

図1　内ヶ磯窯跡から出土した桃山様式の茶陶（個人蔵）

た陶片に出会うまでは「古高取」という名称すら忘れかけていたほどで、高取焼には意識を向けていなかった。それが古高取に出会ってからというもの、なんとかその実態を解く研究が出来ないものかという思いに支配されるようになった。古高取への情熱はいよいよ抑えきれぬものとなり、ついには内ヶ磯窯跡を中心に、半径六キロメートルの地域、七十六ヶ所の異なった場所から百五十層以上の原土を自ら手掘りして集め、焼成実験をするまでに至った。

図2　発掘調査中の内ヶ磯窯跡(重松佳子氏提供)

残念ながら筆者自身は内ヶ磯窯の発掘調査当時、まだ直方に移住しておらず、現場に立ち会えていないのだが、同じく内ヶ磯窯に魅せられ窯跡に毎日のように通い続けておられた重松佳子さんという方が、ご自身で写された現場の写真を快く提供して下さった。重松さんは発掘当時の状況を事細かに教えて下さったが、このことが後にどれほど役に立ったかわからない。

よく「類は友を呼ぶ」といわれるが、研究を始めた当初、内ヶ磯窯の発掘現場に実際に立った経験のある、情熱あふれる先達に出会えたことは何より心強かった。

近隣の図書館で内ヶ磯窯の資料を食い入るように見ていたとき、「内ヶ磯の高取がそんなに好きならうちに来ませんか」と声をかけて下さったのが、窯跡にも出かけ、個人的に研究を続けておられたS氏であった。古高取をこよなく愛する土地の人は少なくないが、このS氏は、伝世品を手に取ってみればより研究を深められるといって、骨董商の西川敞恵（ひさよし）氏を紹介して下さった。川筋気質で情熱家の西川氏は発掘当時テレビの取材を受け、内ヶ磯窯の古高取の素晴らしさを紹介された人物でもある。

また地元の古高取研究の先輩・末吉宏光氏は、氏の大切な窯で、筆者が集めた原土の焼成実験をさせて下さった。

さらに地元の骨董商・楠山亮介氏は古高取の蒐集家である歯科医の故・毛利茂樹氏の長年にわたるコレクションを「貴重な史料が散っては意味がない」といって未亡人にかけあってくださり、結果的に数多くの品を譲っていただくことになった。

地元で長年茶陶を蒐集してこられた舟山美彌雄（みやお）氏は、古唐津と古高取の比較展示を企画した際、愛蔵の品々を快く提供してくれたばかりでなく、折に触れ貴重な知見と励ましを与えて下さった。

他にも、紀伊國屋書店の会長・田辺茂一（もいち）氏とその秘書だった坂本英子（えいこ）さんや、耳庵翁と出会うきっかけをつくって下さったお花の先生・豊田栄枝（さかえ）さんなどにお会いしていなければ、現在の筆者があったかは疑問である。

研究に取り組む過程でこれらの方々から受けた恩は計り知れず、同時にその教えがどれほど的を射たものであるかを痛感することは、一度や二度ではなかった。

第一章

織部の隠し窯

高取焼の誕生

九州北部の内陸に位置する福岡県直方市。

東には筑豊の名山・福智山（標高九〇七メートル）を望む。この西側の峰続きに鷹取山がある。鷹取山の山頂には十一世紀中頃、早くも山城が築かれた。戦国期の興亡を経て、豊臣秀吉が九州を制圧すると、この城は廃城となった。秀吉没後、筑前を領有した築城の名手・黒田氏によって城が再建され、近世城郭としての鷹取城の歴史が始まる。

このころ九州、山口の各地、そして筑前と豊前が隣り合う藩境の山麓に、本格的な国焼（江戸時代、それぞれの大名所縁の藩窯で焼かれた陶磁器）の窯が開窯され始めた。鷹取山麓の豊前側、細川氏の領地に開かれたのが上野焼、黒田氏の領有する筑前側に開かれたのが高取焼である。

高取焼は初め「筑前焼」と呼ばれていた。発祥とされる宅間窯は慶長十一年（一六〇六）、初代城主・母里太兵衛友信に替わって鷹取城主となった手塚孫太夫水雪の時代に開かれた。二代目の御用窯（藩窯）として内ヶ磯窯が開窯したのはその八年後、慶長十九年（一六一四）とされている。この二窯はいずれも黒田長政が福岡藩の初代藩主になった慶長年間（一五九六〜一六一七）に開かれたものということになる。

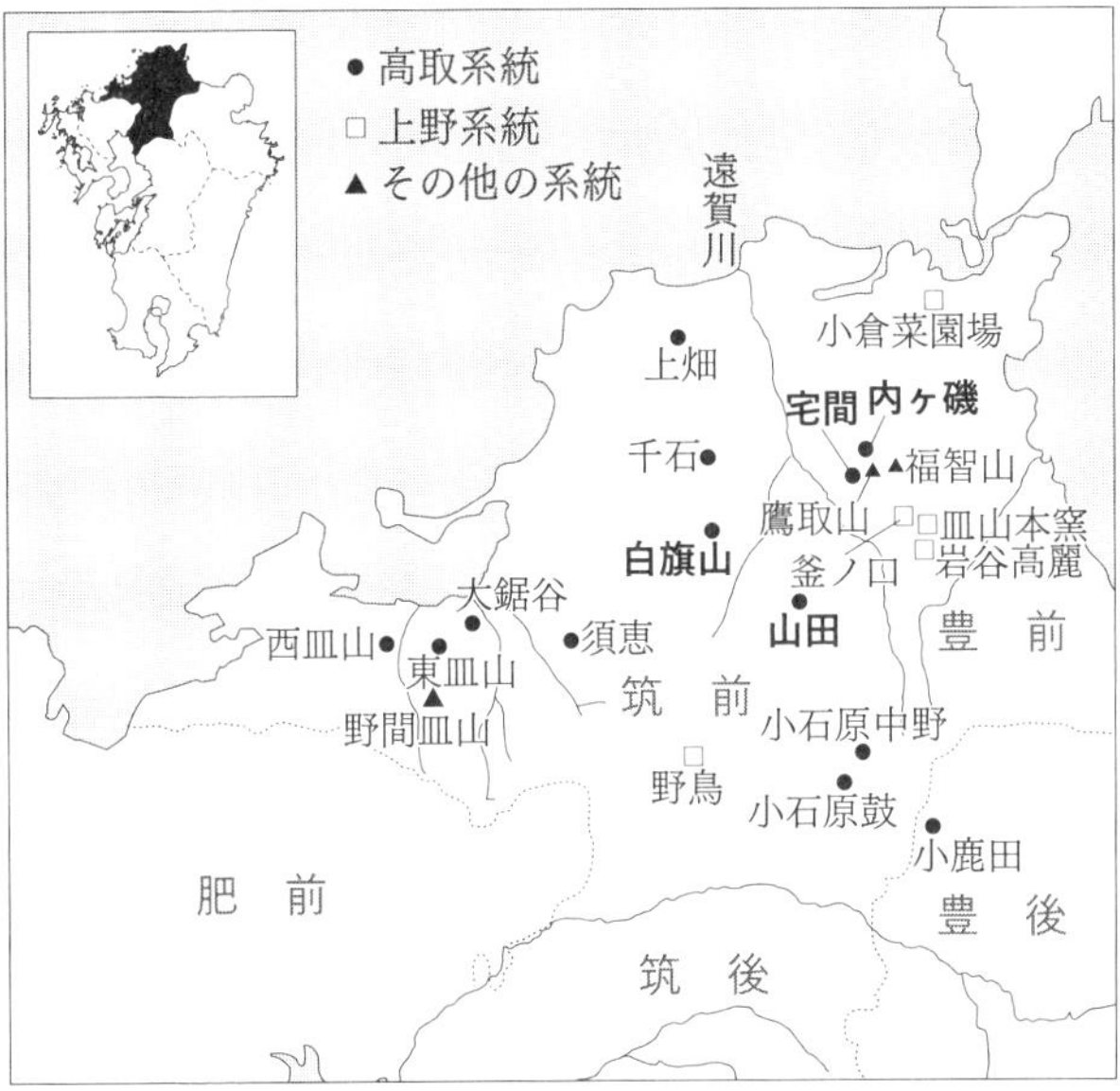

図3　福岡県北部の近世の古窯

国焼としての高取焼は、窯場を移しながら幕藩体制が終わりを告げるまで続くが、最も古い時代の宅間窯と内ヶ磯窯でつくられた茶陶は特に「古高取」と呼ばれている。

内ヶ磯窯の次が白旗山窯（現飯塚市）である。この窯で焼かれたとされる高取焼は、当時を代表する茶人・小堀遠州の好みが反映された茶陶が多く伝わっていることから「遠州高取」と呼ばれ、高取焼の代名詞とされてきた。

古高取が焼かれていた時代は、日本人の生活の中で陶器が大量に使われるようになった、〝変化の時代〟でもあっ

図4　内ヶ磯窯から出土した陶片の数々（重松佳子氏提供）

た。内ヶ磯窯のような大窯が築かれた背景には、こうした需要の増加があった。

大量の需要に応じるには、当然生産性を高めなければならない。それを可能にした要因の一つに、文禄・慶長の役（一五九二〜九八）のころ、渡来した多くの朝鮮陶工たちがもたらした新しい技術を挙げることができる。中でも、日本の陶工たちが使っていた手回し轆轤（当時は〝地轆轤〟と呼ばれていた）のおよそ四倍もの速度での生産を可能にした足蹴り轆轤の導入は、昭和初期ごろまでいた、いわゆる〝渡り陶工〟たちの間でも語り草になっていたほどの大きな技術革新だった。

内ヶ磯窯と京三条「せとものや町」

昭和五十四年（一九七九）、福智山麓のダム建設工事に先立ち、考古学的検証を目的とした内ヶ磯窯跡の発掘調査が行われた。調査は二期、延べ八年もの長期に及んだ。窯跡とその周辺域まで含めた調査がここまで徹底して行われた例は、内ヶ磯窯跡を除いて他にはない。

内ヶ磯窯跡の発掘結果は、茶陶史の世界に衝撃を与えた。

まず、当時の大名や豪商などの間で盛んに開かれていた茶会で使われる茶入、茶碗、水指、建水、花入、向付、皿、鉢、徳利などの様々な器が短期間に集中して焼かれていたことがわかったばかりでなく、窯の規模は全長四六・五メートル、窯室十五室（焼成室十四＋焚口室一室）という、雄大なものだったことが明らかになった。

図5　京三条「せとものや町」界隈の中之町遺跡から出土した古高取の茶陶群（京都市指定文化財、京都市提供）

さらに平成元年（一九八九）、内ヶ磯窯が操業していた十七世紀初頭に一世を風靡した桃山茶陶の流通市場があった京都・三条通周辺を京都市が発掘調査した結果、美濃や備前、伊賀、志野、信楽、唐津、上野などの代表的な桃山茶陶とともに内ヶ磯窯製の茶陶器が出土した。古高取の評価は、いやが上にも高まることとなった。

当時このエリアには、「せとものや町」と呼ばれる一画があった。桃山から江戸初期に活躍した茶頭・古田織部は弟子と一緒にこの町を訪れ、自分の好みにあった新作陶器（これを〝今焼〟と呼んだ）を買い求めていたという。有名な『洛中洛外図屏風』（図６）にも町の様子が描かれている。

図6　『洛中洛外図屏風』に描かれた「せとものや町」の様子(部分、福岡市博物館蔵)

この「せとものや町」界隈に住し、「万屋」を号した別所吉兵衛という人物がいる。彼が著した『別所吉兵衛一子相伝書』*によれば、彼は千利休、古田織部、小堀遠州という三代の茶頭の好むものを手がけた職人だったという。文書では、他の陶工や各地の焼きものについても触れている。江戸後期の豪商で町人学者でもあった草間直方(号・和楽)が著した『茶器名物図彙』や、博多の豪商・神屋宗湛の『宗湛茶湯日記』などとともに、茶道史の一級史料といえる文書である。

*『別所吉兵衛一子相伝書』……この史料はもともと武者小路千家の故・千愈好斎宗匠が所持しており、昭和五十一年（一九七六）に茶陶史研究家の小田栄作氏がその原本と校合の上、雑誌『陶説』誌上（二八五号～二八七号）で全文を掲載。「文禄四歳乙未」の奥書をもつ。なお吉兵衛は古今の名物裂をまとめた『名器録』の作者ともされている。『名器録』は大正時代複製刊行されている（現在は絶版のため入手困難である）。

高取焼研究小史

茶の湯の歴史を研究する上で、茶陶は特に重要な存在である。中でも注目すべきは、京三条「せともの町」から流通していた〝桃山様式〟と呼ばれる茶陶群である。この様式の器は、「ヘウケモノ」で知られる茶道・古田織部の活躍した十六世紀後期から十七世紀初頭にかけて焼かれ、当時の大名や豪商、公家を始めとする富裕層の間で流行した。

これと同じ時代に発祥した〝土物（つちもの）〟（陶器）の高取焼は、直方の宅間窯、内ヶ磯窯、飯塚の白旗山窯、小石原（こいしわら）の鼓（つつみ）窯、中野窯、福岡の大鋸谷（おがや）窯、東皿山、西皿山と、窯場を転々としながら茶陶を生産し続けたが、廃藩置県により、国焼としての歴史は明治四年（一八七一）で終焉した。現在、宅間窯と内ヶ磯窯で焼かれたものは「古高取」、白旗山窯時代のものは「遠州高取」と呼ばれて特に珍重され、各時代を通じて研究がなされてきた。

明治以後では大正四年（一九一五）の中山平次郎博士による調査を皮切りに、昭和十一年（一九三六）には高取焼の開祖で朝鮮陶工の八山（パルサン）（後に八蔵（はちぞう）と改名）らが一時蟄居（ちっきょ）していた山田窯の調査が行われた（これは公の機関による発掘調査ではないが、栃内禮次氏によって『古高取山田窯』と題されて刊行された）。根津美術館開設者で茶人としても知られる実業家・根津嘉一郎（かいちろう）氏も、内ヶ磯窯跡の出土品蒐集を積極的に行なった。

その間も民間による研究が続けられていたようだが、ついに昭和五十四年（一九七九）、直方市および福岡県教育委員会による正式な発掘調査が実施され、実態の解明が本格化した。その結果、内ヶ磯窯ではいわゆる「織部好み」の斬新な桃山茶陶が大量に焼かれていたことが分かったのである。

覆された通説

昭和五十七年（一九八三）、内ヶ磯窯跡発掘を記念した「大名茶陶高取焼展」が開催された。それと相前後して刊行されたのが『古高取内ヶ磯窯跡』（直方市文化財調査報告

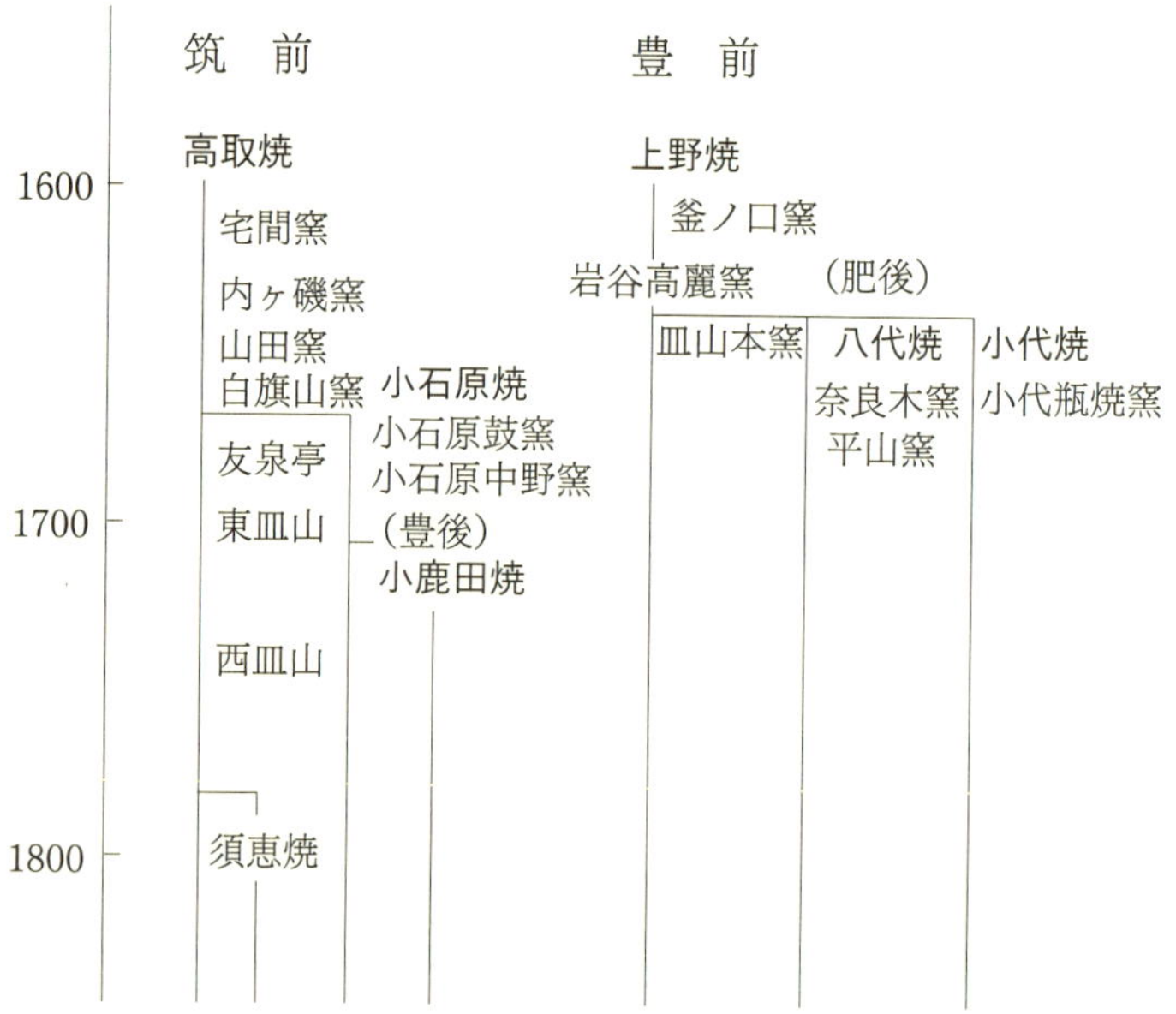

図7　筑前と豊前の近世の焼きものと窯場の変遷

書第四集、直方市教育委員会）である。

報告書の中で、九州古窯研究の大家・永竹威氏は、「（内ヶ磯窯では）予想を裏切って、慶長時代すでに古田織部の様式が初期のものからもみいだされ」たことに触れつつ、「小堀遠州の直接的影響なくしては考えられない茶入の破片」までもが多数出土したことによって、小堀遠州の好みを反映した「遠州高取」が白旗山窯以降に完成したという通説が「完全にくつがえされた」という。

さらに氏は、従来古唐津とされていた沓形茶碗（196ページ、図112）や水指を始め、複数の茶陶について内ヶ磯窯への窯籍の変更が必要だとし、これまで「唐津に影響を与えてきたとされてきた織部の様式が（中略）内ヶ磯窯で完成された」と述べている。

そればかりか、「内ヶ磯窯で水簸を重ねたきめ細かい胎土でごく薄手につくられた遠州好みの茶入が、肩衝、なで肩、丸形、壺形といった様々な形態の破片となって出土した（中略）この成果によって大名茶陶展で展観されたかの名物茶入『染川』、『秋の夜』が内ヶ磯窯の伝世品であることが確認され（中略）古高取茶入の八割近くが同じく内ヶ磯窯の製品、その他二〜三割が白旗山窯以降の製品であろう」という。氏は最後に、「工房跡周辺から出土した備前風の擂鉢や釉薬掛けの道具は、古高取の窯場を保護した黒田五十二万石の藩祖の先代が長船の名刀を生んだ岡山備前の里にその端を発している事実を思い出させるものであったことを付記する」として、文章を結んでいる。

注意したいのは、内ヶ磯窯の次の白旗山窯で焼かれたものが「せとものや町」界隈の遺跡から出土していないという事実である。発掘された美濃、瀬戸、備前、伊賀、信楽、唐津、上野、高取といった出土品の大部分が、いわゆる織部好みの茶陶であった点も強調しておきたい。

美濃、唐津、上野の古窯と相似

内ヶ磯窯の構造は、朝鮮陶工である八蔵らが開いたとされる高取焼の初代・宅間窯と根本的に異なっている。

まず高取焼の初代・宅間窯は竹を縦に割って臥（ふ）せた形で、内部の七室（焼成室六＋焚口室一）を壁で仕切り、十一～二度程度のなだらかな盛り土をした傾斜地の上につくられている。こうした構造をもつ窯を「割竹形連房登窯（わりたけがたれんぼうのぼりがま）」と呼ぶ。全長は一六・六メートルである。

対する内ヶ磯窯は山裾の二十二～三度程度の急斜面を掘り下げた十八～九度の傾斜地に築かれている。奥行きの深い縦長の窯室を十五室（焼成室十四＋焚口室一）備えている。各室を階段状に掘り込みドーム状の天井を被せた「半地下式連房階段状登窯」で、全長は四六・五メートルに及ぶ。当時最大かつ最新形の窯であったことが、発掘主任を務めた副島邦弘氏によって確認されている。

この時期以前の朝鮮半島に、これほど長大な半地下式の連房登窯は見られない。

内ヶ磯窯はまるで備前の半地下式の単室大窯や、単室から発展した美濃地方の大窯に、古唐津・飯洞下窯の割竹形の連房構造をあわせたような形である。当時の窯では、唐津焼の道納屋谷窯、美濃焼の元屋敷窯、上野焼の釜ノ口窯と内ヶ磯窯の計四基が同じような構造である。

この四基はつくられた場所、つくり方、窯の傾斜角度など細部にわたって特徴が共通している。当時最新の構造であったことから考えても、それぞれの窯が独自に発生したものとは考えにくい。つまり一人もしくは同一の技術をもった築窯師たちが、ある期間に順次つくっていったものと考えたほうが自然なのである。

なお四基のうち最も初期につくられた唐津・道納屋谷窯跡からは、内ヶ磯窯によく似た釉薬掛けの陶片が出土している。

図8　内ヶ磯窯跡の航空写真。斜面に沿って築かれた登窯は全長46.5メートル。国内最大の規模だった(九州歴史資料館提供)

一方、美濃の元屋敷窯は四基の中で窯室の奥行きがもっとも浅く、横広の窯室をもつ。そのため内ヶ磯窯のように〝灰かぶり〟の茶陶と一般雑器を一度に焼き出すには向かない窯といえる。だが逆に四基の中で最も燃焼効率が良く、一番早く焚き上がる構造である。この点は伝世品や出土品によっても裏づけられる。

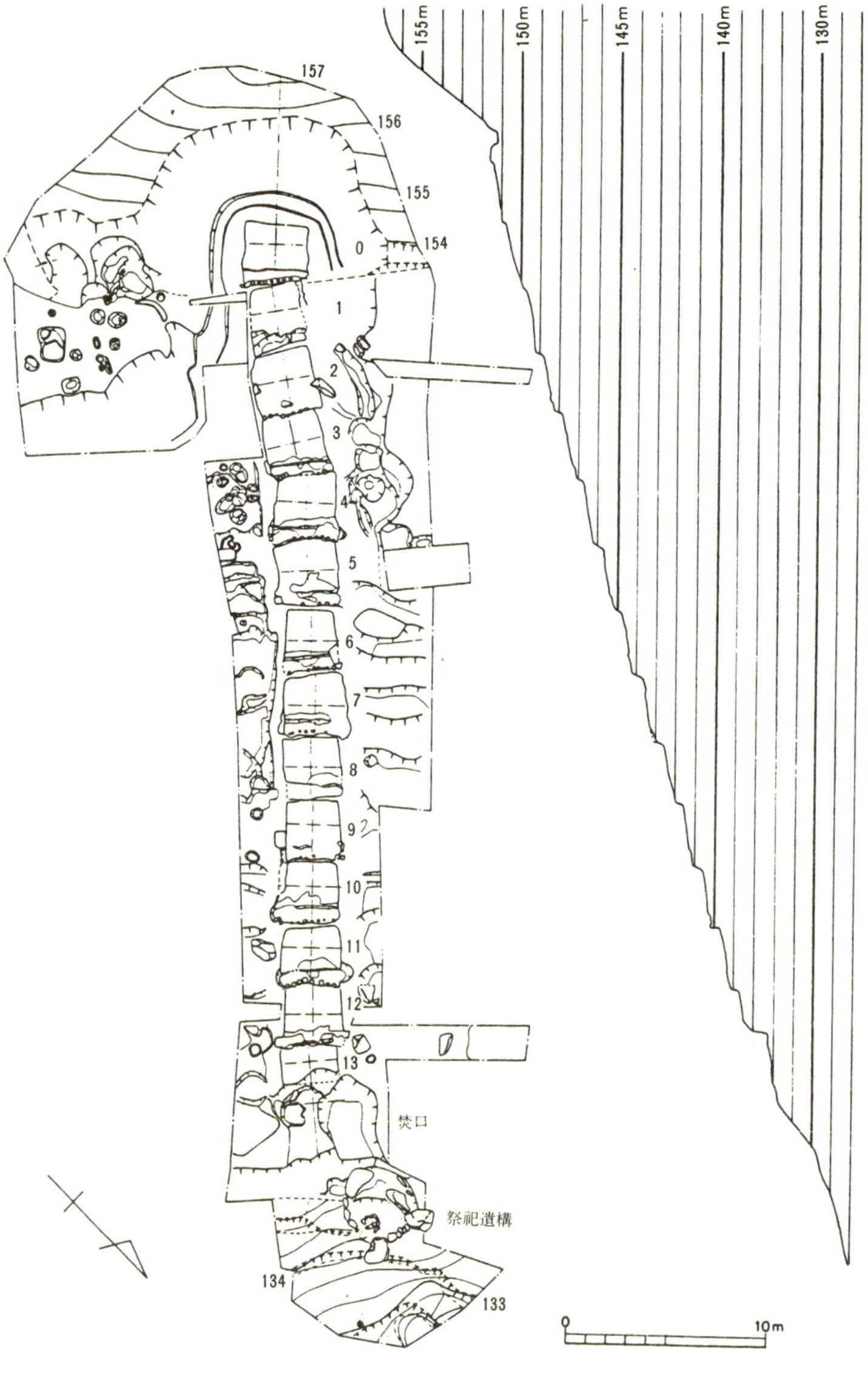

図9　内ヶ磯窯の実測図(九州歴史資料館提供)

元屋敷窯の築窯の経緯について、唐津焼の名工・中里太郎右衛門（無庵）氏は『日本のやきもの3　唐津・高取』の中で、以下のように述べている。すなわち、文禄三年（一五九三）唐津・岸岳城落城後、波多氏の家士・森善右衛門が岐阜県久尻の元屋敷にあった加藤景延の窯を訪れた。それを見た善右衛門が「不経済な窯だ」とつぶやいたのを聞いた景延がこの善右衛門に頼み込み、今度は景延が唐津を訪ねて効率の良い朝鮮式登窯を研究し、美濃・元屋敷に新たな窯を築いて織部焼を完成させた――。非常に進歩した唐津の登窯が伝播し、瀬戸、美濃地方の窯業の一大改革をもたらしたとの記述は『唐津窯取立由来書』にも遺されているという。ちなみに元屋敷窯跡からは「慶長二年」の銘が線刻された陶片が出土している。開窯は当然、慶長二年（一五九七）以前ということになる。

　これに続く上野・釜ノ口窯と内ヶ磯窯は奥行きの深い窯室を有しているが、窯跡からの出土品を見ると、この二基にもまた大きな違いがあることが分かる。釜ノ口窯跡からの出土品には焼き過ぎたものが多く見受けられるのに対し、内ヶ磯窯では生焼けに近いものが多いのである。伝世品についても同様の違いがある。内ヶ磯窯に比して、雑器などは釜ノ口窯のほうが繊細でなおかつ土目も細かい感じがする。

　だが両窯跡から出土した製品には器種、器形そして手癖がよく似たものが数点、確認されている。

　同じような窯でありながら、焼成結果に際立った違いを生じる最大の要因は、その窯焚きの技術の差にあると言わざるを得ない。おそらく釜ノ口窯を有する細川藩では、難度の高い窯を制御する腕をもった職人不在の状態で窯詰めと窯焚きを行なっていたのではないだろうか。

灰かぶりを意識しない窯では、当然窯室内すべてを均一に焼き上げようとする。そのため、奥行きの深い窯室の場合、窯手前を焼き過ぎるといった結果を招くことになる。これが、釜ノ口窯で焼き過ぎの陶片が出土する最大の要因と考えられるのである。後述するように、窯詰めと窯焚きの際に使う〝窯道具〟に明らかな違いがある点も、この説を補強するように思われる。

内ヶ磯窯の場合は、窯の築造と窯焚きの指揮が同一人物（集団）だったのであろう。ただし内ヶ磯窯でも、後期の出土品には生焼けの例が多い。その理由は、「ねらし焚き」という特殊な窯焚き方法が非常に難しかったからだけではなく、窯を統御する職人が入れ替わった（亡くなった）など、他の理由もあるかもしれない。

焼きものはよく「炎の芸術」といわれる。だがその割にはこの「炎」や窯の構造、焼成方法などが充分に解明されているとはいえない。

焼きものの精髄を表す言葉に「一、焼き、二、土、三、細工」というものがある。焼きものの生命線といえる「焼き」を決定づけるものは、一つには窯であり窯焚きの職人の腕である。この二つが優れ、互いに同調しあったときに初めてすばらしい「焼き」が実現できるのであって、決して偶然の産物ではないのである。「焼き」に至る前の「土」選び、「細工（＝成型）」がすべて一体となって初めて名品が生まれることも忘れてはならない。

「李朝風雑器」の宅間窯、「和風茶陶」の内ヶ磯窯

高取焼の初代・宅間窯が築かれたのは、鷹取山の西麓、現在の直方市大字永満寺（えいまんじ）である。当時この一帯は城下町の中心に近く、まさに鷹取城のお膝元のようなエリアであった。

図10　発掘調査当時の宅間窯跡全景（『古高取　永満寺宅間窯跡』より）

宅間窯の開窯には、開祖である八蔵の義父で、井土新（いどしん）九郎（くろう）という名の朝鮮陶工が深く携わっていた。ただしこの新九郎は、内ヶ磯窯移行の時点ですでに参加しておらず、早くに亡くなったとされている。

宅間窯の発掘報告書（『古高取　永満寺宅間窯跡』）によると、その出土遺物の作風は「最も李朝的な要素を残したもの」であり、「雑器窯としての比重が高く、茶陶窯としての要素も乏しい。粘土は粘り気が乏し」かったという。続けて「宅間窯では窯変（ようへん）の面白さとかいうものは、作陶していた工人達の意識の中には存在しなかったものと考えた方が妥当で、日用雑器のみの生産を行なっていたといった方がよい」と述べ、実際「窯内からは茶

図11　第２次発掘調査中の内ヶ磯窯（矢印部分。九州歴史資料館提供）

入の破片もみられなかった」としている。さらにその窯構造が李朝初期の割竹形登窯であることとあわせ、「炎の尾の長い松を薪として使用したものでその灰をとって釉薬としたと考えられ、いわゆる土灰が中心の釉調（ゆうちょう）となっていることが理解できた」と述べている。

要するに、宅間窯では築窯からのすべてが朝鮮陶工に委ねられており、ここで制作されていたものは母国・李朝風の日用雑器だったとの結論である。

宅間窯跡の発掘を担当した副島邦弘氏も、以下のように記している。

「この窯（宅間窯）跡は八蔵とその義父新九郎が、故国の窯をそのままこの地に再現したもので、朝鮮半島に多く存在する地上式の割竹形の登窯をつくり上げたものである。その性格は個人窯程度の域であった」（『古高取　永満寺宅間窯跡』より）。

これに対し内ヶ磯窯は、李朝様式の割竹窯とは異なる大型の連房登窯として築窯され、初窯（はつがま）（築窯後の最初の窯焚き）の時から、大量の日用雑器とともに多彩な茶陶が焼かれている。

窯構造と出土陶片の整理・分析は、研究の重要な柱である。

すでに触れたごとく、内ヶ磯窯跡は八年の歳月（第一次＝昭和五十四年〜五十六年、第二次

図12　内ヶ磯窯跡から出土した向付（『古高取 内ヶ磯窯跡』より）

＝平成七～十一年）をかけ、窯本体とその周辺や工房跡までくまなく調査されている。出土遺物の量はパンケース四千箱にのぼった。発掘の成果は、二十四年もの歳月をかけ四冊の分厚い報告書としてまとめられた。

出土品と伝世品の対比結果は、茶陶史の世界に少なからぬ衝撃を与えるものだった。これまで古唐津や古萩とされてきた名品の多くの窯籍を、古高取・内ヶ磯窯へと変更せざるを得なくなってしまったからである。

この発掘成果は、美濃・元屋敷の古窯跡の発掘と並ぶ大変重要なものである。

出土品の意匠も刮目に値する。最初に注目したのは、高取焼の開祖とされる八蔵ら朝鮮陶工が行なわない瀬戸・美濃系の技法（型打ち成型）による織部好みの「向付」が出土した事実である（図12）。茶陶の代表である茶入と水指も、双方二百点以上出土している。水指に至っては、完形に近いものだけでも六十点を下らず、蓋も二百点以上出土した。内ヶ磯窯が〝茶陶窯〟として築かれた大きな証拠である。

＊

大きな成果を得た二度の発掘調査を経て、平成十五年（二〇〇三）、内ヶ磯窯は福智山のダム湖に水没した。その際、ダムの耐用年数を過ぎた後まで確実に保存するため盛土と自然石で表面を保護され、現在も湖底深くに眠っている。

楽山先生の遺言

備前焼最後の語り部といわれ、長年にわたって師事した二代目・藤原楽山先生の最晩年のある日、先生が、

「瀬戸内海を下った先には芦屋の港があり、そこに大川が流れ込んでいる。その川を上った先の備前守の領内に、天下一の織部の隠し大窯があった」

と語られたことがあった。平成七年（一九九五）一月、病の床に臥した師の、遺言のような言葉だった。その時の情景はいまも鮮明に記憶している。

この話は、京都から備前を訪れた加藤五助（ごすけ）という渡りの老陶工から、楽山先生が少年のころに聞いた口伝とのことだった。楽山先生の生年（明治四十三年＝一九一〇）からすると、京都から訪れたその老陶工はおそらく幕末、あるいは明治初期の生まれであったろう。

『黒田家譜』によれば、天保十七年（一八四六）に亡くなった筑前十代藩主・黒田斉清（なりきよ）は〝備前守〟を名乗っていたという。だとすれば、老陶工の語った「芦屋の大川」は、筑豊の地を貫き芦屋の海に注ぐ一級河川「遠賀川」に違いなく、川を上った先にある「天下一」の織部の隠し

大窯」は高取のいずれかの窯を指していることになる。ちなみに黒田斎清と同時代人であった伊能忠敬が作成した通称『伊能大図』の中でも、福岡城は「松平備前守居城」と記されている（この疑問を解消して下さったのは「古高取の研究整理をお手伝いしましょう」と申し出て下さった梅本靖氏である。氏は『伊能大図』に、福岡城のことが「松平備前守居城」と記されていることを発見して下さったのである）。

口伝の出処である加藤五助という陶工について調べてみたところ、尾張瀬戸の陶祖・加藤景(かげ)正(まさ)十八世の孫の源太郎の長男に五助という人がいて、それから四代が続いたという。少年期の楽山師にこの伝承を伝えた老陶工は、その系譜に連なる人物だったと思われる。

図13　在りし日の二代目・藤原楽山（1910〜1996）

内ヶ磯窯跡の発掘成果は、この窯が当時最新かつ最大の登窯だったことを明らかにするものだった。

筆者は上野焼と高取焼の蒐集家だった毛利茂樹医師の長年にわたる蒐集品を整理・分析する機会にも恵まれたが、内ヶ磯窯で焼かれた織部好みの茶陶の多くは慶長十九年（一六一四）の開窯から翌二十年までの間に集中的に焼かれた痕跡を残していた。その量はわずか一年余りで焼かれたとは考えにくいほど大量のものであり、老陶工・五助の口伝に相当する窯は内ヶ磯窯を除いて他にないように思われる。

＊

余談になるが、平成二十一年（二〇〇九）五月、棟方志功（むなかたしこう）のヴェネツィア・ビエンナーレ国際美術展での大賞受賞に尽力したことでも知られる美術評論家・海上雅臣（うながみまさおみ）先生が、わざわざ直方の地に足を運んで下さった。この折先生は、発掘調査報告書や内ヶ磯窯跡出土の陶片や伝世品、そして筆者の研究資料等を見て、「これは驚いた。茶道史が全く変わってしまう。これは八〇パーセント以上間違いないね」といい、茶道史の大家である熊倉功夫（いさお）先生に連絡を取ってくださった。ちなみに熊倉先生が著された『生活と芸術』は、かつて筆者を楽山先生のもとへ導いて下さった高専時代の恩師、故・長谷川徹先生が下さった、バイブルのような本であった。

長時間焼成の窯

『唐九郎のやきもの教室』（加藤唐九郎著）の中に「登窯だと、長い場合には数ヶ月かかる。雪の降るころ焼きにかかって、セミの鳴くころ焼き終わるからね」と記されたくだりがある。筆者もかつて、登窯の中にそのような大窯があったという話を、瀬戸の古老から聞いたことがある。

今は湖底に沈む内ヶ磯窯のあった場所は、一年を通じて福智山からの風が絶え間なく通る、風の通り道のようなところである。ちょうど窯の焚き口から窯尻に向かって風が吹き上がるため、窯室に〝鞴（ふいご）〟がついているようなロケーションである。当然冬はものすごく寒い。

図14　かつて内ヶ磯窯（丸で囲んだ辺り）があった地域の案内絵図（筑豊山の会のパンフレットより）

また、北斜面に位置するため一旦雪がつもると解けにくい。当時は雪が降ったら何も出来ない場所だったにちがいない。地元直方郷土研究会の会長・篠原義一氏の話では、昔は雪が降り積もったら窯の前を流れる川が凍り、すべって町まで降りたこともあったそうだ。この話からしても、冬の内ヶ磯窯はかなり厳しい環境であったと考えられる。

一方、薪になる木を伐（き）り出すのはマムシが冬眠する季節から始まったであろう。この時期は乾燥に適し、薪の火力が強いのである。ただし薪にしてよく燃えてくれるようにするにはさらに時間が必要である。茶の湯の「口切（くちきり）」が翌年十一月であることを考えると、なおのこと雪の降るころから、乾いた薪を徐々に使って焼き始めた方がいいはずである。

当時最大級の登窯だった内ヶ磯窯が、長時間の焼成を要したことは間違いない。通常、軽トラック一台分の粘土を焼くには二十〜三十台分の薪が必要である。内ヶ磯窯ではおどろくほどの薪が必要であったろう。そのため、内ヶ磯窯の閉窯の原因は燃料不足だったと考える研究者も少なくない。いずれにしても森林は藩の大切な資源であり財産でもあったため、むやみには伐り出せなかったであろう。高取焼は福岡藩お抱えの「国焼」であったから、藩の許しのもとで木が伐られ、薪とすることができたのである。

内ヶ磯窯における茶陶焼成の特徴は、施釉陶器の窯の中でも珍しく自然釉の〝灰かぶり〟の窯変を意識的に意匠化したものであり、窯の奥行を深くすることによって火の調子の違いによる釉薬の変化に大きさを加えている。こうした窯が長時間焼成となるのは必定なのである。

おそらく内ヶ磯窯の設計と運営を任せられた人物は、伊賀や備前のような、高度な灰かぶりの窯変を得意とした窯で、窯詰めから窯焚きまでの一連の経験をしてきた職人であったに違いない。またそのような職人を雇い、政治・戦略的な物資としても重要な意味をもった茶陶と日用雑器の量産を同時に行える大窯をつくらせた背景には、当然、藩主・黒田家の意向があったはずである。

朝鮮陶工と高取の釉薬

高取焼の初代・宅間窯で最初に制作を担ったのは、井土新九郎という老練な朝鮮陶工であった。だがその新九郎が中途で亡くなっていることは、『筑前国続風土記』（宝永六年〈一七〇九〉）に記されているとおりである。

小石原の高取宗家に伝えられている『高取歴代記録』の初代高取八蔵重貞（しげさだ）の項には以下のような記述がある。

重貞が使用せし（略）薬物薬の色は、透薬、白薬、高麗白薬、蛇蝎白薬、白錆薬、ぜぜ薬、黒薬、最上黒薬、黒錆薬、赤薬、上々赤薬、春慶薬、赤藤薬、青薬、藤薬、藤色梨子地薬、白藤薬、青藤薬、黄薬、紫薬、上々金色薬、上鼠薬の二十二色なり
右薬の調合家伝秘法はその子二代目八郎衛門貞清に伝う

宅間窯の発掘調査によってわかったのは、主な釉薬が木や草の灰を基本とした灰系釉薬であり、『高取歴代記録』に記された多彩な釉薬の一部しか見られないという事実である。

ところが内ヶ磯窯では、宅間窯では見つかっていない鉱物系釉薬が導入され、灰系釉薬においても多彩な色調が確認できる。釉薬掛けの方法においても、実に様々な工夫が凝らされている。つまり『高取歴代記録』に記された二十二色の釉薬と整合するのは宅間窯ではなく内ヶ磯窯なのである。そしてこの多彩な釉薬は、内ヶ磯窯の初窯で大量に焼かれた痕跡を残す〝玉縁（たまぶち）三角碗〟（図15）の釉調とも合致するのである。

図15　内ヶ磯窯跡の底層から出土した玉縁三角碗。窯壁に含まれた鉱物が熱で溶け落ち、器体に付着している（個人蔵）

宅間窯の出土品を仔細に検証すると、釉薬だけでなく成型、焼成についても問題点がある。

宅間窯で焼かれたもののうち、初期に焼かれたことを示すものを並べてみると、かなり経験豊富な陶工の成型であり、経験者による窯焚きによって焼かれた作であることがわかる。

だが後期から終煙期の出土品は、焼成における初歩的な誤りを重ねていることが明らかで、経験の浅い者が窯の焚き止めを行なったとしか考えられないのである。成型においても後半期のものは未熟で、経験のある陶工が制作したものとはほど遠い。つまり宅間窯の初期の製品（図16上）は義父新九郎の手によるものが中心で、後期（図16下）は亡くなった新九郎に代わって宅間窯を存続させる立場に立たされた八蔵以下の若い朝鮮陶工の作と考えられる。

後述するように、八蔵たちは内ヶ磯窯の途中から蟄居を命ぜられ、藩の御用窯としてではなく個人窯として築かれた山田窯で日用雑器を制作していた。だが山田窯跡からの出土品を分析すると、宅間窯後期のものとは違い、その技術が格段に進歩している。

図16　宅間窯から出土した初期の陶片(上)と後期の陶片(下)。後期のものは失敗作が多い(個人蔵)

高取焼発祥の宅間窯や蟄居先の山田窯は、朝鮮陶工たちだけで操業していたはずの窯である。しかし山田窯の出土品は、内ヶ磯窯と同じ酸化炎焼成法に切り替え、日用雑器も日本人が使うものを成型するようになっていたことを物語っている。

途中の十年間に何が起こったのか。

かつて薪窯の窯焚き修業は、最低でも十年かかるといわれていた。これは単に若き朝鮮陶工・八蔵らの努力が実を結んだ結果なのだろうか。朝鮮陶工たちだけの窯であった宅間窯と山田窯跡出土品に見られる相違は、大きな問題を秘めているように思われる。

八蔵親子の蟄居と空白期の謎

高取焼の開祖として知られる朝鮮陶工・高取八蔵父子は文禄・慶長の役のころ、日本に渡来した。日本の陶工が使用していた手廻し轆轤の四倍ともいわれる高い生産性をもつ足蹴り轆轤も、おそらくその時に持ち込まれたはずである。

だが元和九年（一六二三）八月に長政が没した後、帰国を願い出た八蔵父子は藩主・忠之の逆鱗に触れ、山田村に蟄居させられてしまう。八蔵父子が忠之によって許され、再び御用陶工として召し上げられるのは白旗山窯が開窯する寛永七年（一六三〇）以降である。

したがって、少なくともこの間、八蔵父子が内ヶ磯窯で作陶することは不可能だった。この点はすでに内ヶ磯窯跡発掘調査時、副島邦弘氏や永竹威氏が指摘している。福岡市美術館と東京・根津美術館で行なわれた「大名茶陶　高取焼展」の記念図録の中でも、福岡市美術館学芸員の尾崎直人氏が、西新高取家に伝わる『東山高取仕法記』や黒田忠之の判物（はんもつ）等の多くの史料を提示しながらそのことに言及している。

では、八蔵らの空白期に茶入や水指を焼いていたのは誰なのだろうか。

実はこのころ、唐津藩寺沢家の家臣で、瀬戸の陶法に通じ釉薬製法を得意としていたとされる五十嵐次左衛門（じざえもん）なる人物が、黒田藩によって召し抱えられている。

古来より高取焼は〝七色薬〟〝七変化〟などと形容され、釉薬色調が多彩で明るいのが特徴である。この源といえるものが、酸化炎焼成法の導入であったといえる。『高取歴代記録』に見られる二十二色の釉薬は、もともと茶陶に使用されていたものが大半であり、朝鮮陶工たちにとっては未知の調合釉薬だった。そのようなものを、朝鮮半島から来て間もない若き八蔵が短期間で生み出せるはずがなかった。

特に瀬戸系の陶工たちの間で一般的な春慶薬（しゅんけい）、ぜぜ薬の名称までもが見られる事実は、瀬戸系の技術に明るい五十嵐次左衛門らによる指導のもとに、八蔵一派がどこかの時点でこれを学び、日用雑器に使用した証左であろう。

ちなみにこの五十嵐次左衛門が取り立てられたのは元和六年（一六二〇）から翌七年ごろだが、彼はもっぱら釉薬の調合を行なうのみで轆轤成型は行なわず、細工人（陶工）は別扶持で抱えていたという。成型や焼成については、別の陶工が担当していたのだろう。

いずれにせよ、山田窯出土品に見られる飛躍的進歩は、五十嵐次左衛門ら茶陶制作に長けた者たちが内ヶ磯窯に持ち込んだ技術を吸収した結果、成立したものといえる。

築窯の技術についても考えてみたい。

八蔵らが蟄居した山田窯は、昭和四十年代まで行われていた石炭採掘の捨石を積み上げてできたボタ山の下に埋もれてしまい、公の調査は行われていない。だがそれ以前に栃内禮次氏が行なった調査から、李朝様式の割竹窯ではなく、内ヶ磯窯と同じ「半地下式連房階段状登窯」だったと考えられている。

図17　白旗山窯１号窯跡（『白旗山窯跡』より）

蟄居を解かれた八蔵らが次に移った白旗山窯も、内ヶ磯窯と同じ構造である。と同時に、窯の基礎勾配までほぼ共通（約一九度）し、異なるのはその規模と奥行（窯室十室前後、全長二五メートル前後）のみである。

この白旗山窯を、蟄居中の八蔵らが築いたとは考えにくい。八蔵らが蟄居した山田窯も、その後の白旗山窯も、別の職人が築いたはずなのである。

高取に下った陶工

文書などの歴史史料は、当時その現場に立ち会った人物が遺したものに勝るものはない。

そこで、内ヶ磯窯に関わった人達が遺した史料の中から内ヶ磯窯について記されたものを探してみることにした。まず初めに調べたのは、福岡藩初代藩主・黒田長政の記録である。だが、『福岡県史』を軸に調べたものの直接の記述は見つからない。そこで続く二代藩主・黒田忠之の時代にまで下ってみると、「黒田忠之判物写（はんもつうつし）」という史料群の中に「高取」の文字を発見した（引用文中の傍点は筆者）。

「黒田忠之判物写」　四九七
五月六日　郡　正大夫とのへ
猶以ひやうたん水さしニハみ〳〵（耳）ヲ三ニ付、四ッハみゝなしニ焼せ可申し候
……（略）……
一、水指弐下シ候条、如此ニ高取ニて七ツ宛（ずつ）こふりニ焼せ、都合廿申付、八九月時分ニ江戸へ
可越候
一、博多ニてついしゆ（堆朱）并くなく（しカ）之香合相尋、いくつニても可越候、能ヲ留申、悪は返し可申
候也

図18　内ヶ磯窯跡から出土した耳付瓢箪形水指の陶片（九州歴史資料館提供）

文中にある「ひやうたん水さし」は、〝瓢箪形〟をした水指のことである。「重ね餅」とも称される姿形だが、忠之が三つは耳付で、四つは耳のないもの、計七つの瓢箪形の水指をつくらせていたことがわかる。実際内ヶ磯窯跡からも、瓢箪形の水指の〝焼き損ない〟が複数出土している（図18）。

続いて「高取」が登場する他の「判物写」を引用する。

「黒田忠之判物写」　四九八

六月十三日付　郡　正大夫あて

一、今度早々伺公申ニ付、従御本丸米千俵拝領候、いつれ之大名衆参上之刻も、か様之事ハ無之事ニ候、仕合無残所候（略）

一、弥次右衛門申遣候高取焼水指・同茶碗、出来次第態申付可越候

一、此方より不申遣ニ茶入焼せ候事、堅法渡（度）可申付候也

「黒田忠之判物写」　五〇〇

八月四日　郡　正大夫とのへ

一、高取にて焼物先申付候事無用ニ候、猶追々可申遣候也

「黒田忠之判物写」　五〇六

十一月廿九日　郡　正大夫あて

一、相国様（秀忠）廿二日ニ御鷹野へ御成候、御鷹場より御鉄砲白鳥拝領申候間可心安候　（略）

一、高取ニ而念入、茶入・茶碗能焼せ可申候、両上様（秀忠、家光）へ可懸御目と存候（略）

以上の「黒田忠之判物写」のうち四九七、五〇〇番には「高取ニ（にて）」と記されているが、これは高取の窯場を示しているものと考えられる。ただし記載されている月日は順番になっているものの、年号が記されていない。

そこで注目したのは本文である。四九八番は後水尾天皇の二条城への行幸を仰ぐため、寛永三年（一六二六）六月、二代将軍・徳川秀忠、三代・家光が江戸から上洛した際、いち早く参上した黒田忠之への褒美として米千俵を下賜された折のもので、『徳川実記』寛永三年六月の記事に「松平右衛門佐忠之御上洛に先達て、早く参観せしを褒せられ米千俵給ふ」とあるくだりと符合する。また翌寛永四年（一六二七）十一月十三日の記録に「大御所東金に放鷹の御遊あり」とあることから、五〇六番は寛永四年の記録と考えてよい。寛永四年の時点で白旗山窯はまだ存在していないため、ここに見る「高取」は内ヶ磯窯ということになる。

この時期、八蔵とその一派は藩主・忠之の勘気に触れ山田村に蟄居させられていたから、内ヶ磯窯で茶陶を焼いていたのは八蔵ら以外の陶工だったはずである。

内ヶ磯窯の茶陶が、当時国内市場の中心地であった京三条「せとものや町」から流通していたことはすでに述べてきた通りである。そこで視点を変え、この「せとものや町」界隈に住し茶陶を制作していたという別所吉兵衛の著した『別所吉兵衛一子相伝書』（以下『別所文書』）を見てみることにした。すると、次のような一文があった。

一、肥前高取　金森宗和（そうわ）御物数寄にて某（それがし）が従弟茂右衛門下り焼

（小田栄作氏写本から引用）

本章冒頭の注（22ページ）に記した通り、この『別所文書』は元来、武者小路千家の宗匠・千愈好斎氏が所持していたもので、茶陶史研究家の小田栄作氏がその原本を校合の上筆写し、雑誌『陶説』誌上で「茶陶の究明」と題し三回にわたって全文を掲載したものである（本書でもこの記事を原典としている）。

文中、「肥前高取」という表記が気になるが、「国焼遠州好」の高取となれば「肥前」は「筑前」の誤記であろう。そして「某（それがし）」すなわち筆者である吉兵衛の「従弟」の茂右衛門なる人物が九州に下り、茶人・金森宗和の好みの茶器を焼いたという。これは当時稼働していた高取のいずれかの窯場だったはずである。

第二章

共振（シンクロ）する〝至芸〟

初窯(はつがま)土産

「織部の隠し大窯」との伝説が残る高取の巨大窯・内ヶ磯窯。通説によればその開窯は慶長十九年（一六一四）。茶頭・古田織部が自刃したのはその翌年、慶長二十年（一六一五）六月である。内ヶ磯窯で焼かれた織部好みの茶陶に彼自身が何らかの形で関わったとすれば、慶長十九年の開窯時の窯焚き、すなわち〝初窯〟か、ごく初期の数回のみであることがわかる。

今までのところ、織部が直接指示を出して茶陶を焼かせたという証拠はない。だが内ヶ磯窯の開窯期に織部好みが大量に焼かれていたことは、発掘によってすでに明らかな事実であり、内ヶ磯窯が〝灰かぶり〟の窯変を軸として茶陶を焼き出した窯であった点も疑いがない。本章ではまずそのあたりを中心に述べてみたい。

現代では備前焼のように薪を燃料とし、その灰を利用した窯変を求める産地は少なく、電気、ガス、灯油の窯が主体になってしまった。たとえ薪の窯であっても、窯壁が土の窯はほとんどない。土壁の窯で千度を超える高温の焼成を行うと、窯素材となっている土の中に混入していた鉱物（酸化鉄）の塊が、まるで溶岩が沁み出すかのように窯壁から溶け落ちる。さらにその時間帯には、窯自体が膨張して亀裂が入り、壁面の一部が落下する。これらの現象は、とりわけ初窯の時に集中して起こる。もちろん初窯以降でも起こり得るが、壁面が大きく剥がれ落ち、酸化鉄の塊が大量に落下するのは初窯のみに多い現象なのである。昔の陶工はこれらの降下物を〝窯糞〟と呼んでいたが、初窯の場合は特に〝初窯土産〟と呼び習わされていた。

「織部好みの申し子」といわれる伊賀焼にも、この初窯土産が付着した有名な茶陶がある。五島美術館蔵の双耳付水指銘「破袋」（図19）と、同銘の擂座*耳付水指「破袋」（図20）、そして畠山記念館所蔵の双耳付花入銘「からたち」（図21）の三点である。

かつて藤原楽山師は、「初窯では思いもかけない魅力的なものが生まれる」といって、この三点の伊賀焼を初窯で焼かれたものと断言された。特に五島美術館蔵の「破袋」は、それ以後焼き出された水指を見た織部が、この出来映えに敵うものがなかったため依頼主の豊臣家家臣・大野主馬（治長の弟）に「今後是程のものなく候間、如此候、大ひゞきれ一種候か、かんにん可成と存候」との添状をつけて渡したという逸品である。この書状は織部が初窯土産や自然に発生する傷痕までも見所として評価した証拠であり、このような見立ては遠州にはない。

一方、内ヶ磯窯跡から出土した製品で窯糞が付着しているものを挙げると、

沓形茶碗／双耳付水指／掛分釉壺形水指
阿古陀形水指／斑釉彫文水指／釜形水指
双耳付花入／結文形向付／手付鉢／

図19　双耳付伊賀水指銘「破袋」
（五島美術館蔵）

図20　擂座耳付伊賀水指銘「破袋」
（松下真真庵蔵）

図21　双耳付伊賀花入銘「からたち」
（畠山記念館蔵）

掛分釉預け徳利／掛分釉ぐい呑み／掛分釉線刻文大皿などがある（図22、23）。いずれも焼き上がりを見据え、釉薬の種類と釉薬の厚み、掛け方と溶融温度の違い、焼成色調、また温度帯が異なる窯内での置き場所や置き方までもが緻密に計算されたような品ばかりである。

とりわけ注目したいのは、初窯で焼かれたと思われる歪んだ玉縁三角形の茶碗（図24）が大量出土している点である。この茶碗群の意匠、釉薬には実に様々な試みをした形跡がある。つ

図22　内ヶ磯窯跡から出土した向付。窯糞が付着している（九州歴史資料館提供）

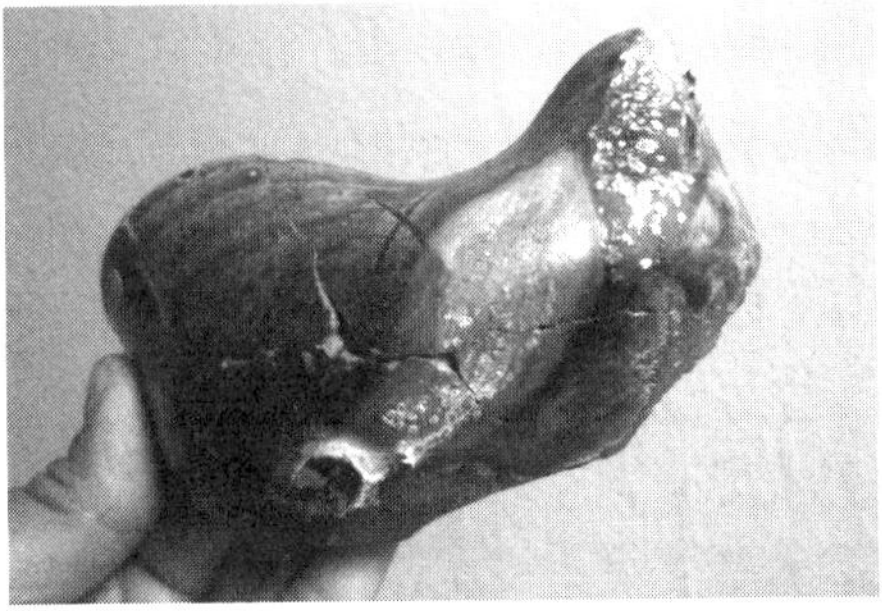
図23　内ヶ磯窯出土の沓形茶碗。窯糞が器体の表面を滑っている（個人蔵）

図24　大きく歪んだ伝世品茶碗。内ヶ磯窯跡の底層から類似の陶片が大量に出土している。開窯直後に集中して焼かれたものと思われる(個人蔵)

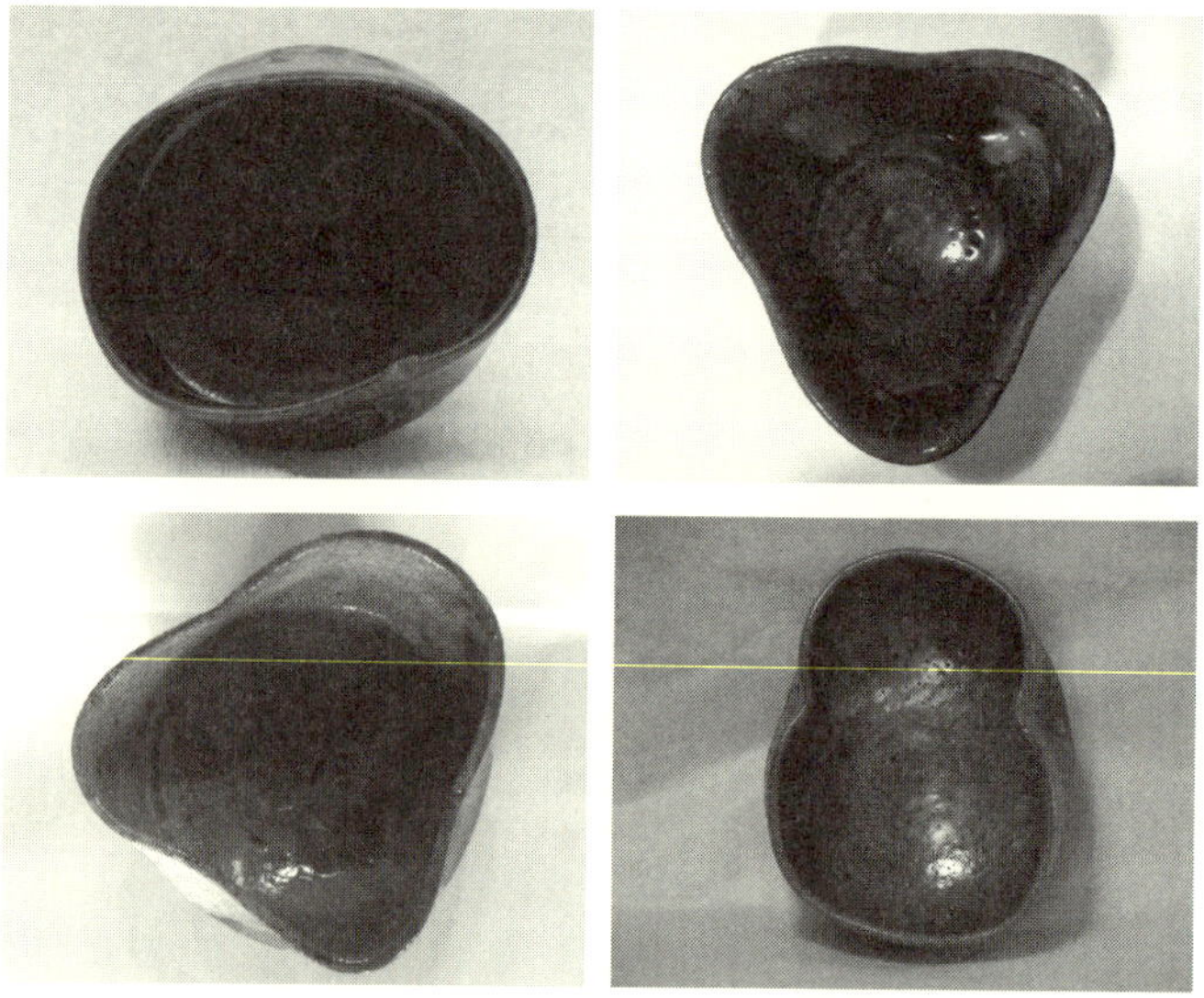

図25　内ヶ磯窯で焼かれた沓形茶碗。玉縁三角形(右上)以外にも、楕円形(左上)、達磨形(右下)、州浜形(左下)など様々な器形が確認されている

まりこの茶碗を使って、焼き上がりの具合を見る焼成実験をしていたと考えられるのである。
内ヶ磯窯で焼かれた茶碗には、他にも意識的に歪めた形のものが目立つ。本書では意識的に歪めたものを統一して「沓形茶碗」と記すが、玉縁の三角形以外にも、州浜(すはま)形、楕円形、達磨形といえるものがある（図25）。

＊擂座……半球形の粒が器物の周囲に並べられた装飾。釜・花入・水指・茶入・鉢などに見られる。

初窯で焼かれた水指と壺

〝初窯土産〟を付着させた出土品は前項の通りだが、伝世品では以下がある。

斑釉手付鉢（図26、個人蔵）
釜形水指（図27、個人蔵）
斑釉彫文水指（図28、根津美術館蔵）
斑釉算盤玉形彫文水指（旧京都博物館蔵）

このうち三点の水指は、轆轤水挽(みずび)き成型で筒状に引き上げた後、筒の胴部を膨らませて壺形にする「轆轤成型」か、縄状の粘土を積み上げ、それを内コテと外ゴテで叩き締めて薄くする「叩き成型」のいずれかを行なった後、口縁部を轆轤水挽きで外側に開き、さらにその端の約一セ

図26　器表に窯糞が付着した斑釉手付鉢(個人蔵)

図28　斑釉彫文水指
(根津美術館蔵)

図27　双耳付釜形水指
(個人蔵)

図29　柿の木の絵付三耳壺と、修復痕のある耳部の拡大図（出光美術館蔵）

ンチを内側に折り返して縁を立て、蓋を載せた時にずれないような口作りをしている。

この種の壺が大量に出土しているのは内ヶ磯窯のみであって、宅間窯、白旗山窯のいずれにも見当たらない。したがって技術流入経路を辿るための一つの目安になりうる特徴といえる。

さらに内ヶ磯窯の茶陶の成型は朝鮮陶工が行わない技法が多く、内ヶ磯窯開窯の際、茶陶制作に長けた陶工の技術が流入した証拠といえる。なお、この手の口作りの壺は内ヶ磯窯よりも前の時代の備前ですでに見られることを付け加えておきたい。

最後に、柿の木が描かれた出光美術館蔵の三耳壺（さんじこ）（図29）について述べておきたい。この壺はこれまで古唐津の伝世品とされてきたが、実は内ヶ磯窯の初窯で焼かれたものかも知れない。

壺の口端の一部と耳の一つは漆で修復されており、かなり大きな窯糞が付着していた故（ゆえ）の手直しではないかと考えられる。よく似た絵付は、数は少ないものの

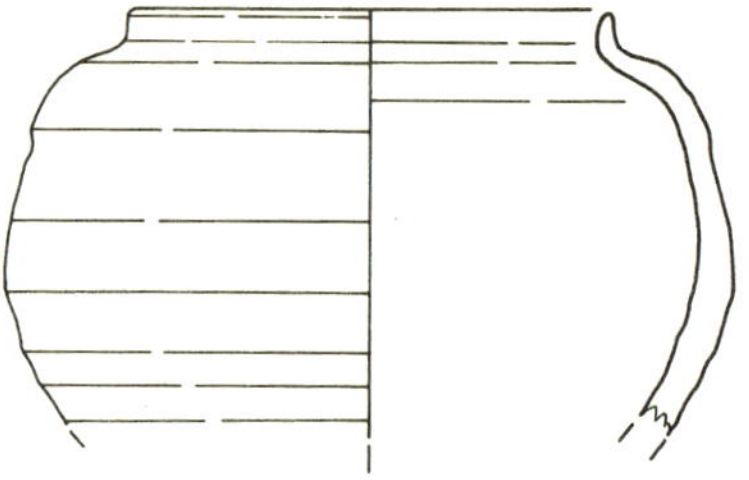

図30　内ヶ磯窯跡から出土した壺片の実測図。他にも様々な器形・意匠の壺が出土している（九州歴史資料館提供）

内ヶ磯窯跡の伝世品に見られ、初窯と中期あたりにそれぞれただ一回ずつ焼かれていたと考えられる出土状況も確認されている。その胎土質を含め、内ヶ磯窯製といえる条件を充分揃えているのである。

なおこの壺は肩に近い部分を一ヶ所絞り込んでいるが、こうした壺は相当量出土している（図30）。

古唐津のような古高取

唐津焼の十三代・中里太郎右衛門（逢庵（ほうあん））氏は、その著書『唐津焼の研究』で、織部の茶会記に登場する二口の水指に言及している。

慶長八年三月十日　　一、唐津足有御水指
慶長八年四月廿五日　一、唐津焼すじ水指

松浦系唐津の古窯である甕屋（かめや）の谷（たに）窯跡および焼山（やきやま）窯跡からは、この二点と符合する陶片が出土しているという。

織部の茶会記に登場する水指は当然、織部好みといえるわけだが、中里氏は、「すじ」（篦目の模様）入りの足付水指片と類似した伝世品も存在し、五点発見されたそうである。

実は筆者も他に三点所見している。内ヶ磯窯とは使用胎土が明らかに異なるため唐津焼であることは確かなのだが、どれも織部好みといえる意匠だった。

織部好みの水指や花入は、朝鮮や中国には見られない意匠である。つまり茶の湯の空間や礼法に従ってつくられた造形、大胆さなのであって、織部の好みをよく理解した陶工が担い手と考えるのが自然だといえよう。

図31　内ヶ磯窯跡から出土した三足の向付
（九州歴史資料館提供）

茶会記にある「足有」は織部好みの特徴のひとつで、足が付いた器形を指す。内ヶ磯窯跡からは、水指のみならず典型的な三足の向付も出土している（図31）。これまで唐津焼あるいは上野焼とされていた結文形向付（図32）も窯籍が変更されたものの一つで、有名な朝鮮唐津の掛分釉水指や手付水注と同手の陶片（図33）までもが出土している。

その他、発掘調査によって窯籍が変更されたものとして、斑釉に銅系釉が飛ばし掛けられた名品で、萩焼あるいは上野焼とされてきた耳付水指（図35）や透文手付鉢（図36）、朝鮮唐津として伝世してきた掛分釉の割高台沓形茶碗（図37）などを挙げることができる。

全体からすれば極めて少ない量だが、先に掲げた柿の絵の三耳壺（57ページ、図29）のように、まるで「絵唐津」といえるものが他にも出土している（図34）。中でも注目すべきは、口部が欠けた舟徳利に張り付いた、完形に近い三ツ足の向付（図39）である。

これはかつて『陶説』（三二五号）誌上で当時の所蔵者・清原邦武氏が紹介していたもので、舟徳利の首から腰部に大きな窯糞が幾つも付着している。おそらくこの船徳利の上に大量の窯糞が降り落ち、その衝撃で向付の上に落下して融着したのである。

この大きな船徳利は、窯の焚口右側、窯焚きの無事を祈るための祭祀が行われたと見られ

図32　掛分釉結文形向付（福岡市美術館蔵）

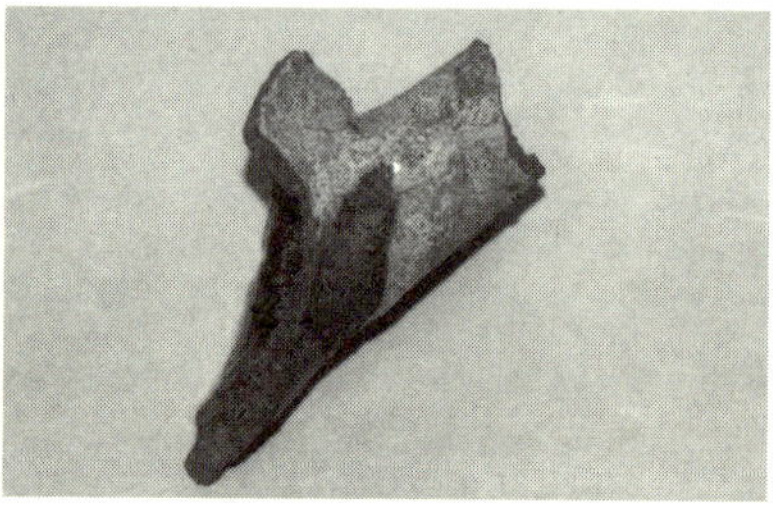

図33　内ヶ磯窯跡から出土した、朝鮮唐津の手付水注と同手の口片

図34　絵唐津を思わせる古高取の絵付皿
（九州歴史資料館提供）

図35　円座耳付水指(福岡市美術館所蔵)

図36　透文手付台鉢(福岡市美術館蔵)

図37　掛分釉割高台沓形茶碗
(福岡市美術館蔵)

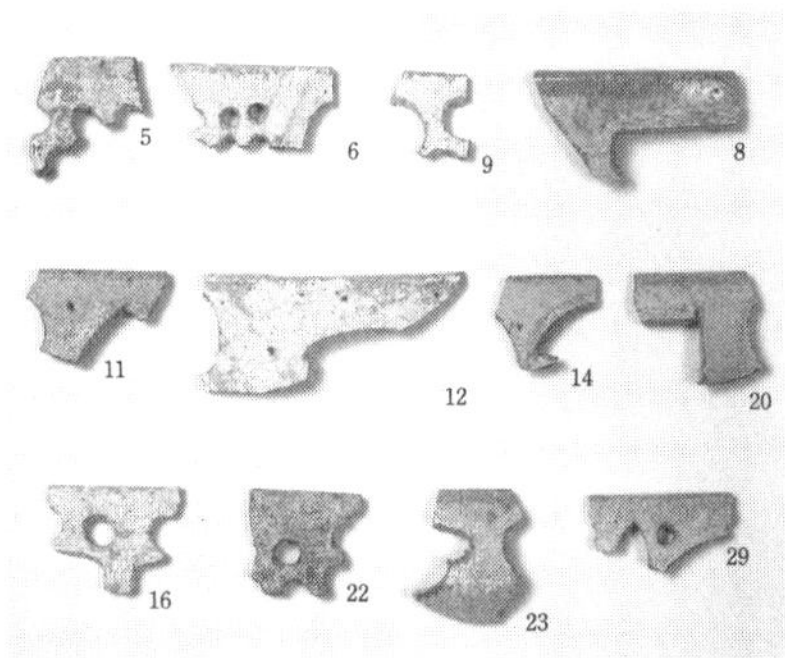

図38　内ヶ磯窯製から出土した透文鉢片。器表には黄金色の粒状の窯変を見せる。このタイプの透鉢は長く萩焼として伝世してきたが、発掘品との照合によって窯籍が変更された(九州歴史資料館提供)

図39　三ツ足付の向付が融着した舟徳利。口の部分は漆で修復されている(個人蔵)

る場所に、擂鉢に守られるようにして埋まっていたとのこと。徳利の首は現在漆で修復されているが、窯出しの際、口部が破損していたため廃棄されたのであろう。徳利は首の部分の傷を嫌うものなのである。出土品の中でも特に珍しい事例であり、もしも破損がなく京三条「せとものや町」に持ち込まれていれば、織部の目に留まり、名物茶陶として伝世していたかもしれない。

一方、融着した向付の内側を内視鏡で見たところ、ここにも絵付けがあった。同様の向付は複数出土しているが、複雑な形のものをタタラによる型によって作る「型打ち成型」は、八蔵らが中心となって操業していた宅間窯、山田窯、白旗山窯から出土していない。朝鮮半島の一般的な陶技の中にも見られないもので、瀬戸・美濃系陶工の技法なのである。「春慶薬」、「ぜぜ薬」といった釉薬や意匠が瀬戸・美濃と類似する上に、開窯期の時点ですでにこうした技法が見られるという事実を、いったいどう理解すればいいのだろう。やはり開窯時から瀬戸・美濃系の技術をもった陶工が関わっていたと考えるのが自然ではないだろうか。

ちなみに小石原の高取宗家十二代・高取八山氏からも、高取家家伝の中に型打ち成型がないことを直接うかがったことがある（福岡県の教育ビデオ『福岡県のやきもの』の中でも同様の話をしておられる）。

籾殻（もみがら）痕と窯変

古高取の蒐集家である毛利茂樹氏は先掲の『陶説』（三二五号）において、総釉掛けの大ぶりな割高台沓形茶碗（図40）を紹介している。絵織部風の〝三ツ切高台（こうだい）〟で、口縁部をわざと楕円状に歪めている。胴部には幾何学模様の鉄絵が描かれているが、その上に別の器の一部が融着し、かつ茶碗正面の左側には稲の〝籾殻痕〟が残っている（ちなみにこの茶碗は掲載後、漆で修復されている）。

図40　総釉掛けの沓形茶碗。右の丸部分が融着の痕。左が籾殻痕（個人蔵）

博多の豪商・神屋宗湛の記した茶会記録（『宗湛茶湯日記』）において初めて割高台の歪んだ茶碗が登場するのは慶長四年（一五九九）。織部が有名な「ヘウケモノ」の歪んだ瀬戸茶碗を初めて使用したのと同じ年である。

図41　内ヶ磯窯跡から掘り出された絵付碗。高台部や見込に斑点状の籾殻痕が複数確認できる（個人蔵）

一方、内ヶ磯窯跡から出土した絵付碗の高台と見込（茶碗の内側）にも籾殻痕がある（図41）。よく見ると見込の籾殻痕は稲穂が付いたままの藁を丸めて茶碗の中や外側に押し付けて焼かれた痕である。おそらく窯変を考えてこのような手の込んだ窯詰めを行なったものと思われる。押し付けられた位置も、窯詰めを意識して緻密に計算されており、窯変の効果を狙ったものである。無釉であれば備前焼によく見られる〝緋襷〟（施釉しない作品に藁を巻いて焼いた結果表れた緋色の発色の模様が襷の様に見えるところから名づけられた窯変）のような発色となる。つまり、鉄絵の上に掛けられた透明釉に人為的に色調の変化をもたせ、意識的に見せ場を与えた茶碗なのである。

底部に籾殻を敷く窯詰めは、窯床や窯道具からの剥離効果も視野に入れてであろうが、これほど大量の籾殻の上に置いて焼くのは、窯変を狙った明らかな証拠である。

なお、初代・宅間窯でもこの籾殻痕は確認されているが、それは意図的なものではない。稲藁による窯変は内ヶ磯窯の中でも茶陶だけに見られる技法である。また宅間窯が、焼成効率重視の〝短時間還元炎焼成〟であるのに対し、内ヶ磯窯は現在も備前に残る〝長時間酸化炎焼成〟

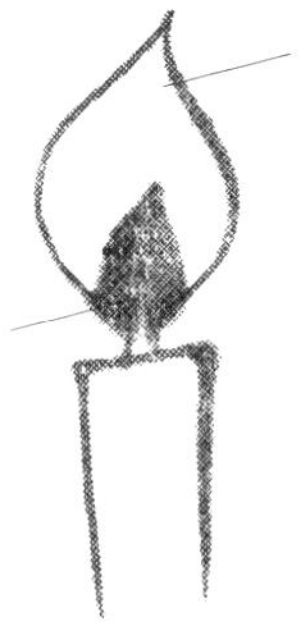

図42　酸化炎と還元炎

である。築窯時の基礎施工と同様、この二基は窯焚きの法則が根本から違うのである。

〝焼き損ない〟の名品

織部の研究者・國分義司氏は、論考「古田織部とオリベ陶」の中で、織部の茶会記録の一覧を掲載している。その一覧によれば、慶長六年（一六〇一）一月二十四日〝焼き損ないの瀬戸茶碗〟が使用され、一月二十九日と十一月十四日にも〝焼き損ないの茶碗〟が使用されている。

織部由来の伊賀耳付水指「破袋」二点と耳付花入「からたち」の計三点（52ページ、図19〜21）は、いずれも〝初窯土産〟が付着した明らかな焼き損ないである。つまり、焼き損ないもまた織部の好みだったのである。

一方、内ヶ磯窯の初窯は古田織部自刃の前年（慶長十九年＝一六一四）である。

ここで、初窯の際に大量に降り落ちる〝窯糞〟の付着例として典型的な伝世品、唐津織部沓形茶碗（図43）を見てみたい。この茶碗の胎土質は内ヶ磯窯もしくは上野・釜ノ口窯周辺で採取される原土と共通しており、焼成釉調や釉薬の掛け方は内ヶ磯窯跡出土品（図44）と合致する（ただし出土品は鉄釉と斑釉の掛け分け）。

図43　唐津織部沓形茶碗（個人蔵）

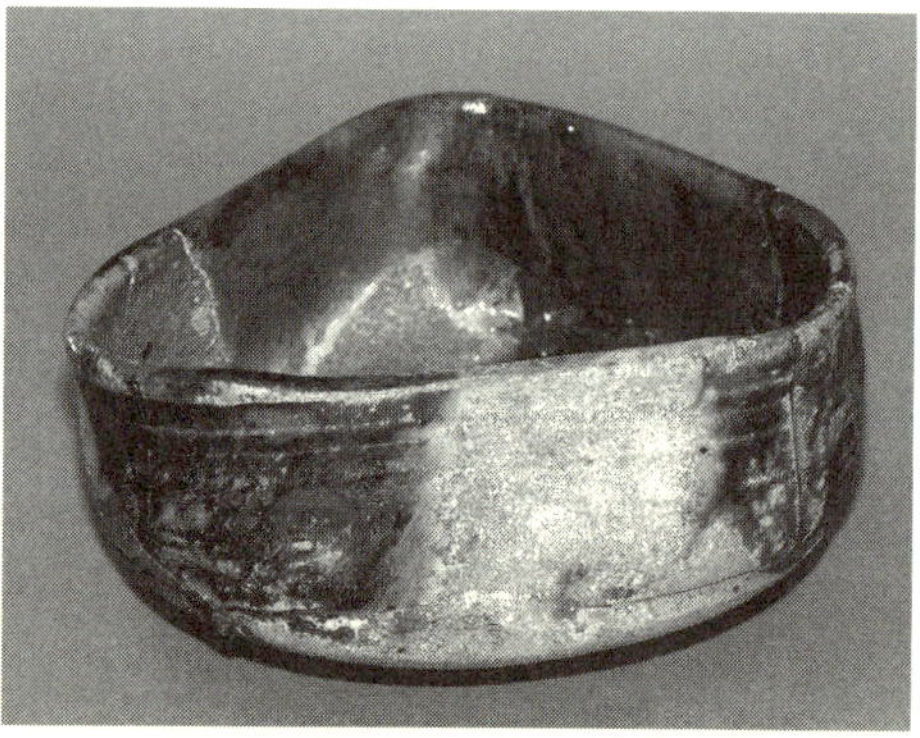

図44　内ヶ磯窯跡出土の沓形茶碗
（直方市教育委員会提供、安武俊次氏撮影）

伝世品のほうの正面と裏面の斑釉部分には、鉄絵具による草文様と渦巻きの線刻文様が左手の軌跡で描かれている。ちなみに斑釉は、薄くかけると透明釉のようになり鉄絵を浮き上がらせるのだが、素地の粘土、焼成温度、炎の質、釉薬の掛け方、その厚みの違いといった種々の要因によって色調が様々に変化することからその名がつけられたといわれる釉薬である。

この茶碗に掛けられた斑釉は、ふつう白発色になる硅(ケイ)酸分が高温で完全にガラス化し、緑色

図45　道納屋谷窯跡の調査（中央が筆者）

になって下方に流れ出している。本来はすっきりと切れあがった腰に焼きあがっているはずだが、高温に曝(さら)される位置で長時間焼かれたため、見込が平らになるほどにヘタリ落ちている。

焼成時の温度は、その地域の原土の溶融温度に左右される。そのため、釉薬の溶融温度も原土の焼成温度に合わせてつくられるのである。

平成十六年（二〇〇四）、内ヶ磯窯に先行して築かれた唐津の古窯、道納屋谷窯跡で現地調査を行なったところ、内ヶ磯窯の焼成温度はこの窯の焼成温度よりもいくらか低いことがわかった。

内ヶ磯窯跡周辺の七十六ヶ所で採取した原土で焼成実験も行なってみたが、基本的な溶融温度は信楽や伊賀よりも低く、備前のヒヨセ土（備前地方の田圃の下層から採取される粘性の強い陶土。黒に近い灰色で備前地方のみに産する）に近いことがわかった。

「唐津もの」

前項で紹介した斑釉の唐津織部沓形茶碗（図43）は、その口縁部に五ヶ所、窯糞が付着していた痕跡をとどめている。すなわち、四ヶ所はそれを取り除いて漆で埋めているが、一ヶ所は見所としてそのまま残すという心憎いほどの手直しが施されている。他の要素を含めても内ヶ磯窯以外の窯籍とは考えられない。

古陶磁研究家の満岡忠成（ただなり）氏によれば、元禄七年（一六九四）編の『古今和漢諸道具見知鈔』の「織部焼」の項に、以下のような記述があるという。

> 沓茶碗としてせいひく（低）く手あつにゑくほ入、土白く、黒薬、薄柿、濃柿、白薬にくろき染付の絵有、地薬白きハくハんにゆう（貫乳）有、形ハ色々かハり有（略）但し瀬戸織部、唐津織部とて二通有、又後織部とて近代に出る物あり

管見による限り、内ヶ磯窯の伝世品共箱（ともばこ）には「唐津織部」と記されたものが三点存在する。おそらく当時、内ヶ磯窯製の織部好みの沓形茶碗までもが「唐津織部」の範疇とされていたのである。この時代の焼きものは、瀬戸と美濃は「瀬戸もの」としてひと括（くく）り、そして、高取や

上野、萩と唐津は「唐津もの」としてひと括りにされていた。当時、「唐津もの」は同じ船に乗って京・大坂に上ってきたのであろう。

内ヶ磯窯跡から同手の陶片が出土する朝鮮唐津壺（水指）銘「那智」（図47）もおそらくそうした事例の一つである。この壺は亀裂の部分に白発色の斑釉が掛け流されている。亀裂の上に同様の釉薬が掛け流された内ヶ磯窯の伝世品は少なくない。

一重口（ひとえぐち）の桶形水指銘「盧瀑（ろばく）」（図48）も同様で、これまで朝鮮唐津の代表作とされていたものである。亀裂は窯の焚き口側に向けられて窯詰めされた証であり、明らかに灰かぶりの窯変を意識している。

図46　「朝鮮唐津」として伝世してきた古高取の掛分三方茶碗とその共箱（個人蔵）

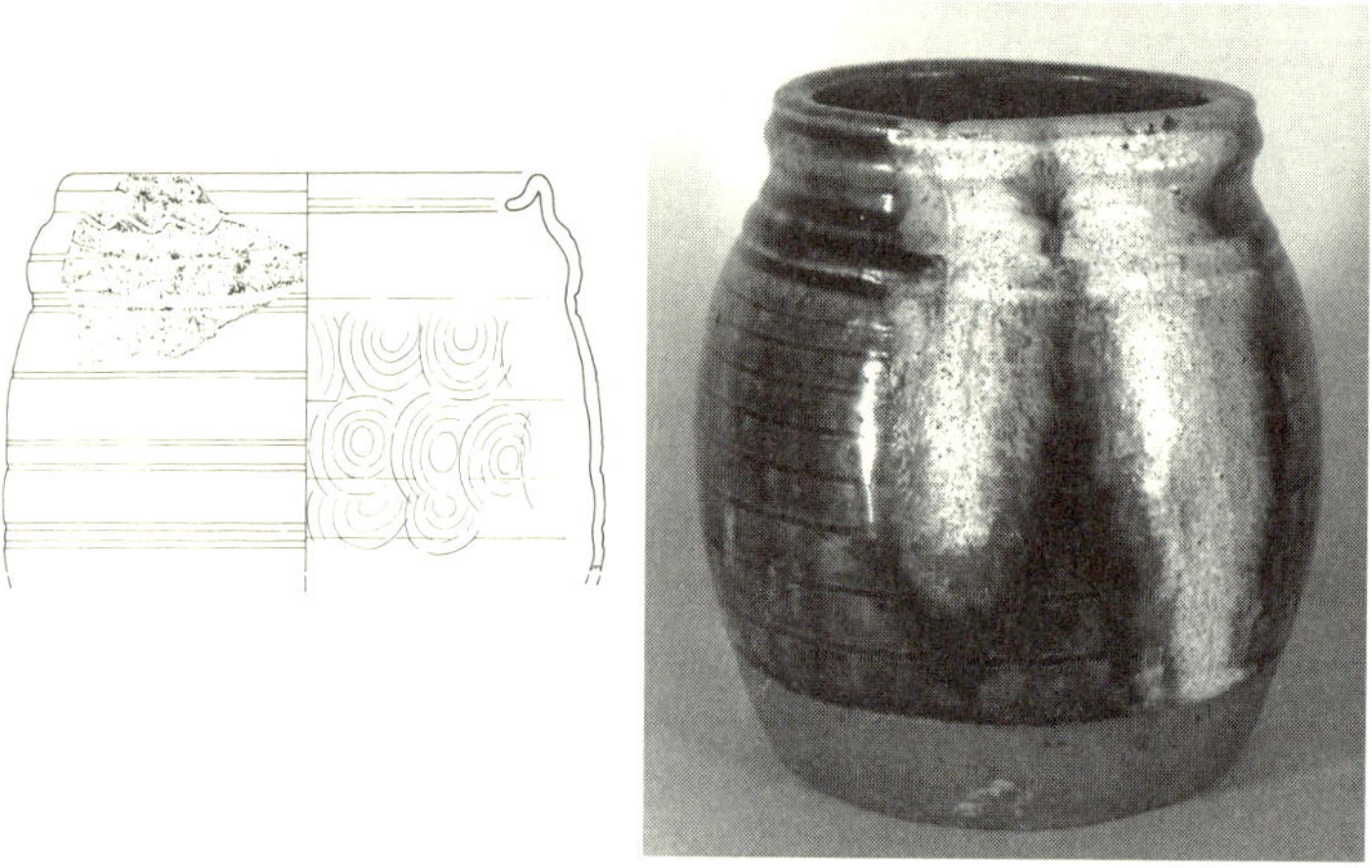

図47　朝鮮唐津壺銘「那智」(右、出光美術館蔵)。左は内ヶ磯跡から出土した同手の壺口片実測図(九州歴史資料館提供)

図48　朝鮮唐津水指銘「廬瀑」(右、藤田美術館蔵)。左は内ヶ磯窯跡から出土した同手の壺口片実測図(九州歴史資料館提供)。内ヶ磯窯跡では「廬瀑」と同じ釉調の出土事例が確認されている。上の「那智」と同様、正面の亀裂をあえて見所としていることがわかる

これらはすべての工程において共通する技法による仕事であり、茶陶を熟知した職人の作といえる。そして、この「瀘瀑」と同じ手ぐせで同じ形、同じ胎土のものが、やはり内ヶ磯窯跡から出土し、一方の唐津古窯からは出土していないのである。

発掘調査の成果は、数多の織部好みが内ヶ磯窯で焼かれたことを白日の下に晒した。「遠州高取」のみでなく、そろそろ「織部高取」や「唐津高取」という分類を設けてもいいのはないだろうか。

窯の成り立ちと〝窯糞〟

桃山茶陶に限らず、陶器をつくるには粘土で成型した器を焼きあげる窯と、窯を使いこなしてそれを焼き出す職人がいなければならない。

初窯時に多い〝窯糞〟が付着した内ヶ磯窯の伝世品を観察すると、伊賀焼に見られる窯糞より黒味がかった褐色をしていることがわかる。これは北部九州の地質が大きな要因であろう。鉄分は水に溶けると赤錆色になる。直方市の中心を流れる一級河川・遠賀川に流れ込む数本の支流は、赤錆色をした川底をしている。これを見ただけでも鉄分の多い地質であることがわかる。このような場所では鉄を多く含んだ褐鉄鉱の地層がある。

内ヶ磯窯は、慶長十九年（一六一四）に築かれたとされる半地下式の登窯である。福智山の西に連なる鷹取山北麓の二十二～三度の勾配の傾斜地を掘り下げて十八～九度程度の基礎勾配を出し、それぞれの窯室の床面をさらに階段状に掘り込んでいる。各室は壁で仕切られ、ドーム状の天井が被せられている。

床面を形成するために掘り上げられた残土の中には、そのまま焼きものの素材（粘土・釉薬・絵付顔料）となったものもあったはずである。当時は現代のように陶材を買い求めるのでなく、現地の土を職人達が使いながら選別して使用していたからである。大概の土は陶土として使えるのだが、陶材として選んだ以外の土はおそらく窯壁や天井壁素材としても使用されただろう。

良質の粘土層の上には、必ずといっていいほどに鉄分を多く含んだ褐鉄鉱の地層がある。内ヶ磯窯の構造を検証すると、その褐鉄鉱の地層を砕いていかなければ工事が進まなかったことがわかる。そのため、褐鉄鉱の欠片が混じった素材で窯壁と天井がつくられることになる。すると初窯の時におのずとそれが溶けて、褐色をした酸化鉄の窯糞が降り落ちてくるのである。

それに比べて伊賀焼の窯場は北部九州のように鉄分が多い地域ではない。たとえ褐鉄鉱の層があったとしても、掘りぬかれたその周りがそのまま窯壁となる「窟窯（あな）」であるため、褐鉄鉱が混じった素材で窯壁がつくられていない。窯糞が降り落ちる量は当然のことながら内ヶ磯窯より少ない。つまり、伊賀に半地下式の登窯をつくったとしても内ヶ磯窯のようなことにはならないし、窯糞の色も違ってくるのである。

一方、高取焼発祥の宅間窯は平地に盛り土をして勾配を出し、その上に築かれた割竹形の窯である。当然、褐鉄鉱を含んだ素材は窯本体に使われていない。出土遺物の観察からも明らかなように、窯糞は内ヶ磯窯に比べようがないほど少ない。

また唐津・道納屋谷窯は鉄分の少ない地質の土地に築かれているので、褐鉄鉱は素材に含まれていなかったはずである。そのため、内ヶ磯窯のような黒褐色の窯糞も見当たらない（ただしサンプルの量は内ヶ磯窯とは比較にならないほど少ない）。

要するにそれぞれの窯の施工法や地質が、窯糞の質や量を決めてしまうのである。ちなみに褐鉄鉱は、瀬戸、美濃地方では「鬼板（おにいた）」と呼ばれる絵付けの顔料素材としても知られている。

美濃、伊賀と内ヶ磯窯

平成二十年（二〇〇八）、「土岐市織部の日」の特別展として、「桃山時代の茶陶生産展」が開催された。周知のように土岐市は美濃焼のメッカである。記念図録の表紙には、内ヶ磯窯跡の航空写真があしらわれている。

図録の執筆と編集に携わった加藤真司氏は、桃山茶陶の焼かれていた唐津、高取、萩、備前、伊賀、美濃の窯跡と出土品について解説している。美濃の項の中で加藤氏は「十六世紀後半、瀬戸からの陶工の移動により窯の数が増大し、十七世紀に入ると連房式登窯を導入して効率的な生産を図るようになった」と述べている。これは、桃山茶陶を広い視点でとらえて考えていくためにも大変重要な指摘である。

高取焼の項では、内ヶ磯窯について「擂鉢を除いて、茶陶や懐石用食器の意匠とその変化の方向性は、慶長年間末から寛永年間に稼働した美濃の窯ヶ根4号窯のあり方と軌を一にしており興味深い」としている。

新しく窯をつくる場合、窯の設計から始まる作業をすべて把握し指揮できるのはいわゆる〝窯大将（かまだいしょう）〟である。窯大将は多くの場合窯をつくり、窯詰めの指揮をとり、焚き止めまでを行う。すなわち窯焚きの現場で最も重い責任を託された人物なのである。窯大将の個性がその窯の焼成・肌合にまで現れるといっても過言ではなく、その点は現代の窯元でも同様である。

桃山茶陶を焼いた各古窯のうち、灰かぶりの焼成法の根幹が最も類似するのは伊賀、備前と内ヶ磯窯である。すなわち熟練の窯焚き職人にしかできない、究極の遊びともいえる焚口付近の〝灰かぶり〟の窯変を意識した窯なのである。また伊賀焼といえば〝焼締（やきしめ）〟のイメージが強いが、美濃や内ヶ磯窯と共通する施釉陶も焼いており、窯道具にも共通点がある（図49、50）。「織部好みの申し子」といわれる伊賀焼の歴史は古く、旧阿山（あやま）村で天平宝字（一五七三〜一五九二）のころより焼かれていたものだが、ここには槇山（まきやま）窯、丸柱（まるばしら）窯の二つの古窯跡がある。桃山時代に入ると城主の筒井定次が伊賀上野城内に窯を築き、「御庭（おにわ）焼」と呼ばれた。槇山、丸柱窯の施工・形状は当然、内ヶ磯窯のような最新式の半地下式連房階段状登窯ではなく、それ以前の信楽と同じ窖窯であったと思われる。またその窯跡や物原（ものはら）（失敗品などの廃棄場所）からの出土遺物の量は多くない。一方の上野城内の御庭焼の窯については窯構造に関する定かな資料がない。

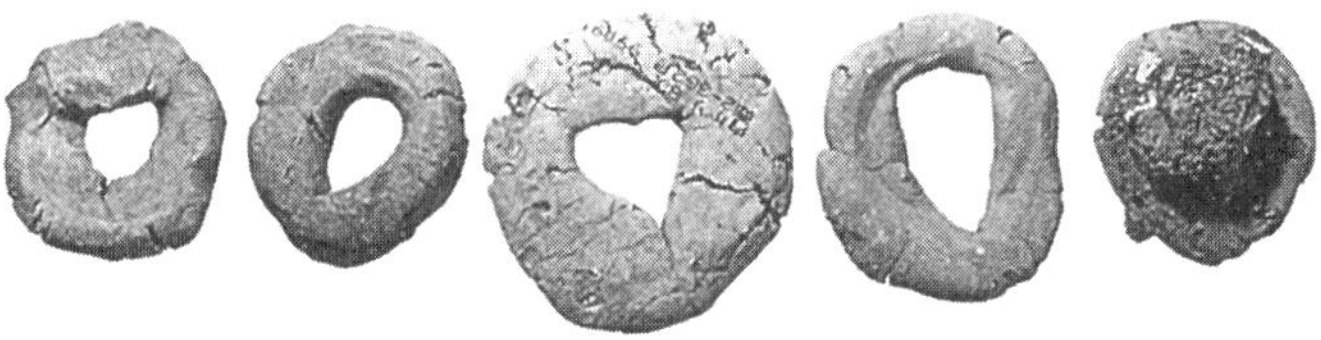

上・図49　内ヶ磯窯跡から出土した「穴ぐり匣」。焼成の際、灰がかぶらないように焼きものを収める容器＝「匣」の変種で、一部に窓が開き、部分的に灰が被るような工夫が施されている。日本独自のもので、美濃、備前、伊賀でも使われている。
下・図50　茶入の窯詰め時にのみ使用するドーナツ状の粘土で、「ワドチ」と呼ばれる（いずれも九州歴史資料館提供）

「破袋」と「からたち」の焼かれた窯

〝窯糞〟が付着した桃山茶陶の伝世品は、これまで内ヶ磯窯と伊賀、美濃（志野）のものしか見聞していない。伊賀焼の中でその極みといえるものが、二点の耳付水指「破袋」と花入「からたち」（52ページ、図19〜21）である。

当時の伊賀には槇山と丸柱の二基の古窯があったが、ともに桃山以前からの操業とされている。「破袋」と「からたち」に、初窯時にのみ大量に降り落ちる窯糞が付着している点からすると、この三点が焼かれたのは伊賀上野城内に新しく開かれた「御庭焼」の窯としないと辻褄(つじつま)が合わない。

なおこの三点は手ぐせ、成型手順や仕上げ方といった細部においても共通点がある。

特に注目したいのは、黒焦(こ)げ状の窯変である。これは窯の中で薪が炭状になってたまったときに発生する現象で、あえてそれを意匠化したものであり、この三点の茶陶に共通する特徴である。決して簡単に成型し焼き出せる意匠ではなく、窯詰めと窯焚き、焚き止めを熟知した技術者にしかできない究極の至芸である。偶然の産物ではなく、窯の中で起こる自然現象をよく理解し、緻密に計算して実現した焼成肌合なのである。

ちなみに内ヶ磯窯で焼かれた耳付花入の底部にも同じような黒焦げ状の窯変が確認できる（図

51）。
特に播座付きの伊賀水指「破袋」（52ページ、図20）は、最も高温の場所に置かれ焼かれていたためか黒焦げ状の窯変は消え、ビードロ状に変化してしまっている。

内ヶ磯窯跡からもこの「破袋」と同形状の播座が付いた水指の一部（図52）が出土しており、器形、成型の癖、線刻などの細工も共通している。その姿形や意匠は、茶の湯の席においてその茶陶が実際どう使われるか、またはどこが見所となるかを知らなければ決して当たれない寸法と歪め方なのである（ただし両窯で焼かれた作品の胎土の溶融温度が異なるため、窯の最終の設定温度は異なる）。

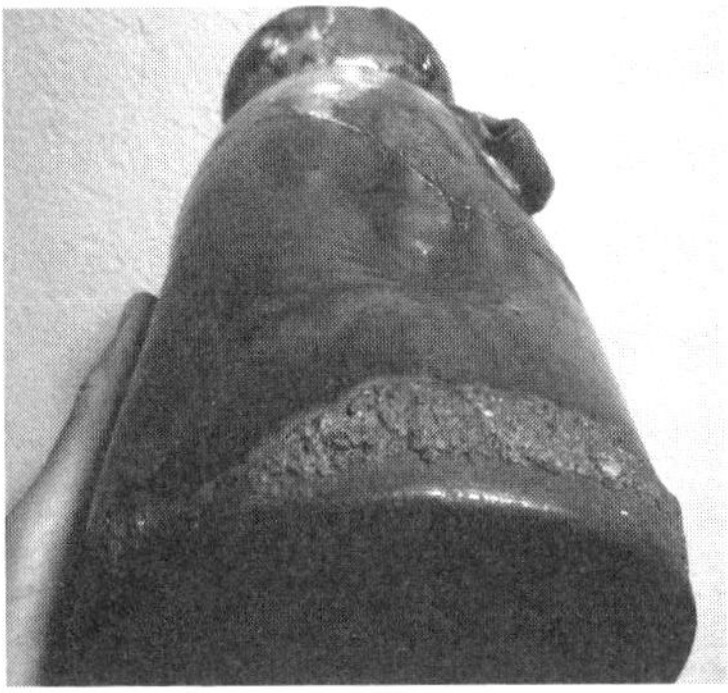

図51　内ヶ磯窯で焼かれた耳付花入。底部には黒焦げ状の窯変が見られる（個人蔵）

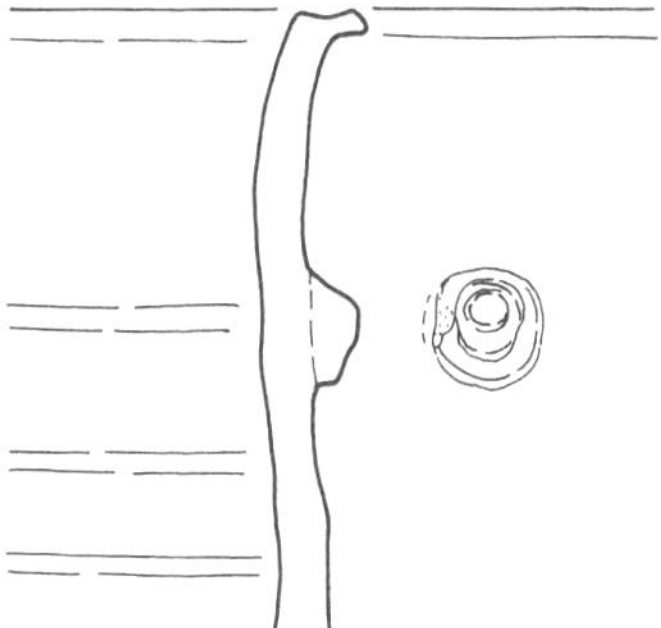

図52　内ヶ磯窯跡から出土した「破袋」と同手の播座実測図（九州歴史資料館提供）

織部が目利きしたものは、色やデザインの多彩さや斬新さだけではない。特に伊賀焼は〝灰かぶり〟を重視した焼き方をし、古色、つまり初めから寂びた印象を与えるのである。破れたり崩れたり、異物が付着したりといったものもその範疇で、伊賀焼と同様、内ヶ磯窯で焼かれた茶陶にも多分にこの傾向がある。

内ヶ磯窯と伊賀・御庭焼の細工と窯焚きは、少なくとも同系の技術を持った人びとの手によるものであろう。

なお御庭焼の窯は、城主であった筒井定次が慶長十三年（一六〇八）に突如改易された後、代わって入城した藤堂高虎が引き継ぐ。五島美術館所蔵の「破袋」（52ページ、図19）は、筒井定次と親しかったという大野主馬の手からその後江戸時代になって藤堂家へと伝来し、現在の所蔵となったものである。

高虎は織部との親交も深い。小堀遠州とともに織部の茶会に招かれた記録もある。慶長二十年（一六一五）、織部が豊臣方と内通したとの咎で切腹を命ぜられた折には、幕命によって高虎が京都の織部邸へ赴き、数々の茶陶や書を没収する役にあたったという。織部自刃後はその邸宅を引き継いだというから、まことに因縁浅からぬ関係である。

ちなみに伊賀では京三条の陶工たちが参加しないと焼き出せないような藍オランダ陶器の〝写し〟も焼かれている。伊賀、高取に限らず、この時代の京都を中心に、古田織部という稀代のディレクターによって発展を遂げた特別な器、すなわち今焼の桃山茶陶を考える上で、京三条「せともの屋町」とそこに関わりのある陶工たち、そして当時の茶人や武人たちの関係を無視するわけにはいかないのである。

特殊な窯詰め

内ケ磯窯の茶陶には、備前焼と共通する特殊な技法によって焼かれたものが伝世している。「初期伊部手（いんべで）」と呼ばれるもので、鉄分の多い目の細かな土を塗って焼き出す意匠である（図53）。

図53　伝世品の古高取足付水指。土釉を器表に施した「初期伊部手（いんべで）」の意匠。口縁の一部が接ぎ合された、「交喙（いすか）」と呼ばれる特殊な口作りである（個人蔵）

備前の〝牡丹餅〟（無施釉陶器の平らで大きな平面の上に別の製品や陶片を載せて焼くことにより、その部分だけ薪の灰が掛からずに置かれた物の形に抜け焼けになった意匠のこと）と呼ばれる窯詰め方法によって焼かれた陶片（図54）や、備前や伊賀に多い〝片身変り〟の窯変例（図55）も出土している。窯詰めの際、わざと寝かせて焼くことによって上面のみに灰を降らせる意匠であり、全く釉薬が掛っていない点は備前焼と共通している。つまり器種、器形、灰かぶりの焼成法に加え、窯詰めの際の技法までもが備前、伊賀と共通しているのである。

以上の三例は、初めから茶の湯の席で使用されることを前提に制作し、窯変の発生位置を考

図54　内ヶ磯窯跡出土陶片。備前焼と同じ“牡丹餅”の技法で焼かれていることがわかる（九州歴史資料館提供）

図55　内ヶ磯窯跡出土の花入陶片に見られる“片身変り”の窯変（灰がかからない床面側、個人蔵）

えて意図的に窯詰めした陶工がいたことの証左である。茶の湯の空間、そして窯の中で発生する炎の対流現象を熟知した者でないと行えない技なのである。

また内ヶ磯窯では、茶碗を窯詰めする際、土だんごを使って重ねて焼くような方法をとらない。茶碗はすべて一つずつ丁寧に窯詰めされており、特に掛分釉茶碗のほとんどは、斑釉を掛けた面を焚口側に向け、かつその面を斜めに少し下げて窯詰めしている。この窯詰め方法は場所も取るし、内ヶ磯窯ならではの贅沢な方法である（ただし茶陶以外の皿類については土だんごを使って重ね焼きしている）。

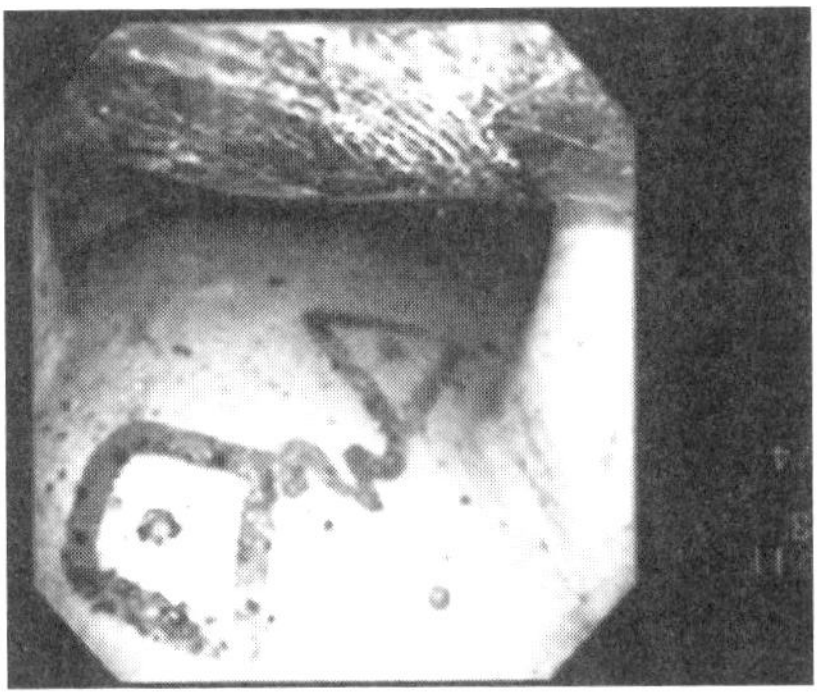

図56　図39の向付内部を内視鏡で観察したところ、美濃焼を思わせる絵付が施されていた

加えて内ヶ磯窯の窯道具は、高温にされされても変形しにくい良質の白土が使われている。そこには、たとえ贅沢であっても良品を間違いなく焼き出そうという明確な意図が感じられる。その意味で、こうした窯詰めや窯道具は理に適った合理的なものなのである。

さらに、内ヶ磯窯の皿・碗類に見られる絵付（図56）は、朝鮮半島に見られる絵付や肥前の朝鮮陶工たちの伸びやかな絵付とは異なり、美濃古窯のそれに近い。いずれも手慣れた筆さばきであり、美濃焼の絵付を行なった経験のある陶工が行なっていたとしか考えられない。

内ヶ磯窯の主力となった陶工が、瀬戸、美濃、備前、伊賀といった茶陶の先進地と関わりの深い陶工だったことはほぼ間違いないだろう。

朝鮮から渡来した陶工であれ、日本の陶工であれ、長年積み重ねてきた窯詰めや焼成方法を途中から簡単に変えられるものではない。内ヶ磯窯は、朝鮮陶工がつくった窯と全く異なった方法で茶陶が焼かれた窯であり、その技術を持った陶工たちが中心となって、築窯から窯詰め、窯焚きまでを指揮していたのである。

第三章　巨大窯の推進者たち（フィクサー）

古高取の名物茶入

内ヶ磯窯の発掘調査による大きな成果の一つとして、茶陶の中でもとりわけ重要な位置を占める茶入が大量に出土した点を挙げることができる。

図57　高取茶入「秋の夜」(個人蔵)

高取焼の名物茶入に「秋の夜」（図57）がある。この茶入には、利休と並ぶ桃山期の大茶人・津田宗及の子で臨済宗の高僧として知られる江月宗玩が詩賛を寄せている。江月は京都・大徳寺の第百五十六世住持を務め、寺の復興に寄与した人物である。後に黒田長政の招きによって筑前に下向、黒田家の菩提寺である崇福寺（現・福岡市博多区）の住持も務めた。

「染川」、「横嶽」もまた高取焼を代表する茶入である。いずれも将軍家の茶道指南を務めた小堀遠州由来の伝世品であり、特に「横嶽」はその出来映えを見た遠州が、「秋の夜」と「染川」を割り捨ててもいいとしたほどの逸品である。
一方、文政十年（一八二七）に草間直方（なおかた）（号・和楽）が著した『茶器名物図彙（ずい）』では、最高峰の高取茶入は「都鳥」だとしている。以下がその記述である。

都鳥といふ茶入、古高取にて惣躰結構にてうるハしく、茶入口瓶の所并（ならび）ニ胴之薬リ留り至て赤く、殊に赤銅火色といふ如きの赤き薬出たり、仍て都鳥と号く、是ハ伊勢物語角田川の文によりて号けたるものなり、めつらしき出来なり、（中略）是等高取之随一成るへし、其外名高きハ秋の夜・手枕・横嶽・染川等、ミなく古高取なり、……

草間直方は、なぜ有名な「秋の夜」、「染川」、「横嶽」でなく「都鳥」を選んだのであろうか。
そこで注目したのが、黒田忠之の「判物写」（四九四）の一文である。

一、高取焼物者ニ茶入念ヲ入先度申遣候キ、焼可申候、此巳前焼候茶入之内一能キ茶入有之候、頓而相国（秀忠）様へ懸御目候、弥出来候様ニ可申付候
（一行略）
二月朔日　　忠之　御書判
郡　正大夫（慶成）殿

内容は、先ごろ高取の焼物師に茶入を念入りにつくらせるようにと申し遣わしているが、重ねてそのように申し遣わす、以前に焼いた茶入の中に一つだけ出来映えの良いものがあったので「相国様」（＝二代将軍・秀忠）にお目に掛けることができるように今後もますます良いものをつくるように――といった主旨である。

（『福岡県史　近世資料編　福岡藩初期（上）』所収）

これだけかしこまった内容を忠之が記す時期は、おそらく寛永三年（一六二六）六月、後水尾天皇の二条城への行幸を仰ぐため、二代将軍・秀忠と三代・家光が前後して上洛した折であろう。その際、いち早く参上した忠之は家光から褒美として米千俵を賜っている。「都鳥」と呼ばれる茶入は、この折の上覧（献上）品として準備されたのではないだろうか。

ちなみにこの時期忠之は、朝鮮陶工・八蔵らを山田窯に蟄居させていた。

いずれにしても、内ヶ磯窯で焼かれたこの茶入は忠之が将軍・秀忠の上覧に供し、召し上げられてもおかしくないほどの出来映えだったはずである。「都鳥」という銘も、二条城での上覧品として相応しいものであり、草間直方が高取焼の最高峰としたのもうなずける。

「都鳥」という名の茶入に関する史料は他にあるのか。一説によれば、この茶入は戦後海外に流出したというが、真相は定かではない。

古高取と大徳寺

臨済宗の古刹寺・大徳寺と茶の湯の関係を切り離して考えることはできない。

大徳寺は古田織部との関わりも深く、織部に「金甫」の道号を授けたのが第百十一世住持の春屋宗園である。時代は遡るが、頓知で知られる一休宗純（一三九四―一四八一）も大徳寺の住持を務めた人物である。

そして筑前に下向し、直方に雲心寺を開山、名物茶入「秋の夜」に詩賛を寄せたのが、先に述べた江月宗玩。江月は信長の茶頭を務めた茶人・津田宗及の子だが、千利休とも深く関わった。利休が処刑された折にはその木像を大徳寺の山門の二階に安置し、第百十七世住持の古渓宗陳らとともに供養したという。

この古渓も一時、利休とともに豊臣政権に深く関わり、秀吉の逆鱗に触れて筑前の国に配流させられたが、後に赦された。秀吉の弟・秀長の葬儀を執り行なったのも彼である。

また、茶の湯を政治の場に取り入れ、天下統一を目指した織田信長の葬儀が執り行なわれたのも大徳寺であった。大徳寺がいかに大きな力を持っていたかがうかがえる。

なお、鎌倉時代に喫茶の風習と茶種を宋から持ち帰った僧・栄西（一一四一～一二一五）は、臨済宗を日本に広めた鼻祖である。帰国後、彼が最初に茶を広めたのが筑前博多であり、茶の湯と臨済宗、そして筑前は深い因縁によって結ばれているといえる。

さて江月宗玩は元和七年（一六二一）九月、黒田長政に招かれて筑前に下向、戦火で焼失した横嶽山・崇福寺を黒田本家の菩提所として再興させたことでも知られている。

長政が元和九年（一六二三）に没した後、福岡藩は分藩され、新たに秋月藩と東蓮寺藩（直方藩）が置かれたが、江月は直方藩に黒田分家の菩提所・雲心寺を、さらに秋月藩には古心寺を開いた。雲心寺開山の寛永三年（一六二六）の時点で二代藩主・忠之は二十四歳。直方藩主となった高政は忠之の弟である。

寺社仏閣は特に方位を重んじて建てられるので、その道の専門家の助力なくして開山に至ることはできない。雲心寺の建立場所を導き出したのは、おそらく大徳寺住持という高位を究め、黒田本家の崇福寺住持も務めた江月だと思われる。

いずれにしても江月と筑前の関連をよく踏まえて考えないと、内ヶ磯窯開窯に至る全体像は見えてこないのである。

江月と茶入「秋の夜」

約四百年前、京から草深い直方の地を訪れ、大きな足跡を遺した江月宗玩。寛永二年（一六二五）、後水尾天皇から「大梁興宗禅師（たいりょうこう）」の号を勅賜された大和尚である。陶芸・書・画・庭園を始め、中国渡来の文化から国産の文化へと大きく舵を切ったこの時代を代表する偉大な文化人でもあった。

江月は元和七年（一六二一）九月からの約十年にわたって京と筑前を往来し、寛永三年（一六二六）には黒田分家の菩提所である臨済宗大徳寺派・雲心寺を直方の地に開山。寛永九年には平戸藩主・松浦鎮信（しげのぶ）の建立した正宗院の開山にも請ぜられている。

茶器には、高価な宝石の保証書や鑑定書に当たるものを伴って伝世しているものがあるが、黒田家伝来の茶入「秋の夜」（84ページ、図57）はこの江月が賛を寄せ、織部の弟子であり将軍の茶頭も務めた小堀遠州が取り上げた遠州好み。要するに超特級品の保証書と推薦書がセットになったようなものである。

彼、江月宗玩が著した『穐夜記（あきのよのき）』に次の一文がある。

一壺遠産鎮西　遥到海東　此器也或人名穐夜　予曰何謂也　荅云　是因伊勢物語穐夜之準
一夜之倭歌也　予想千箇之内選得一箇之義　分明也　嘗所謂珠玉少而貴　瓦礫多而賤　所
名相當矣　今予作銘　卒賦短偈一章　以称賞其希者云爾
千人之英　佳名四發
衆星雖多　不如一月

欠伸子（印）

末尾の「欠伸子」は江月の号であり、冒頭の「一壺」とはすなわち茶入「秋の夜」を指す。続く「遠産鎮西」の「鎮西」は九州の古称である。その謂（いい）は『伊勢物語』中の和歌、「秋の夜の千夜を一夜になずらへて」に由来している。つまりこの茶入は千箇ほどの内から選んだ一箇という意味で、それほどの名品だといっているのである。

ちなみに江戸後期の国学者・小山田与清（ともきよ）が著した『松屋筆記（まつのや）』には、「壱人にて一日に百計程つゝ作り出し」という備前・伊部の窯の記録がある。鍛錬された職人であれば、昔も今も一日に百箇ぐらいつくることは充分可能であり、複数の陶工がいれば千箇という数もあながち誇張とはいえないだろう。

江月が直方で遺した足跡は大きい。だが、その史実すらあまり知られていないのが現状である。

＊

さて茶入「秋の夜」は、江月が直方の地に雲心寺を開山した後、つまり寛永三年（一六二六）の晩秋から、江月が最後に筑前を離れる寛永九年（一六三二）までの時期に内ヶ磯窯で焼かれたものと考えられる。

のべ八年に及ぶ発掘調査で明らかとなった窯内部の出土状況は、焚口から続く十二、十三室、つまり窯の前段部を繰り返し使いながら茶陶を焼いていたことを物語っている。

仮にこの「秋の夜」が命銘されたのが寛永四年（一六二七）初秋であったとしよう。焼成時間や窯の床面積、形状、焼成状況といった要素から割り出すと、一年の窯焚き回数は二、三回が上限だったであろう。なお窯の前段部で焼かれていた茶入は合計で四〜五百程度であったことが、第一次発掘調査主任であった副島邦弘氏によって確認されている。

なお「秋の夜」が命銘された時期を寛永四年初秋に仮定したのは、この年、黒田忠之が江戸に招かれ、二代将軍・秀忠に点茶を賜っているからである。この茶会は秀忠の妻でNHK大河ドラマのヒロインともなったお江（ごう）（崇源院）の命日である九月十五日に催されたものだった。おそらく忠之は、この茶会の主役として「秋の夜」を持参したのではないだろうか。

『大猷院御実記　巻十』はこの茶会の様子を以下のように記している。


この夕松平阿波守忠英、松平土佐守忠義、松平右衛門佐忠之、堀尾山城守忠晴、西城にのぼりて御茶をたまふ

文中「松平阿波守忠英」は徳島藩主・蜂須賀忠英のことで、「土佐守忠義」は土佐藩主・山内忠義、「堀尾山城守忠晴」は松江藩主・堀尾忠晴、「右衛門佐忠之」が黒田忠之である。

一方、『福岡県史』所収の「某判物写」（五〇一）九月十二日の項には以下のようなくだりがある。

一　来ル十五日之昼、従相国殿（秀忠）御茶可被下旨、御解状昨晩相廻リ申候、何も高山可申也

九月十二日　　　　郡　正大夫（慶成）殿

（『福岡県史　近世資料編　福岡藩初期（上）』）

「秋の夜」という銘、さらにその品格は、文書に記された内容に相応しいものである。いずれにせよ「秋の夜」は、茶陶高取を不動のものとした名物茶入といえる。

織部好みと秀吉

織部好みの古高取に、桃山時代の覇者・豊臣秀吉が好んだとされる意匠が多いのは気になる事実である。

織部好みの意匠の多くにはもともと衣服などの織物の文様や、自然の中にあるものなどが使用されている。だが、織部の晩年、すなわち内ヶ磯窯が開かれるころになると、それまで主流だった輸入茶碗や楽茶碗に代わって、施釉された国内産の茶碗が多く流通するようになり、薄茶の席で使用される機会が増える。

織部の目利きは、たとえば利休が直接切型によって楽茶碗を注文していたのとは異なり、陶工たちの中から生まれた造形を自らの嗜好に合わせて選択していたと考えられている。よって、織部が秀吉の好みを指示によって意匠化させたという確証はないが、ひとまず内ヶ磯窯の出土品と伝世品について、秀吉と関わる意匠を列記してみる。

まず、秀吉が好んだ瓢箪が透かし彫りにされた、奇抜な伝世品の片口鉢を紹介したい（図59）。この鉢の口部には、複数の出土片と共通する文様印（図60）が押され、胎土には内ヶ磯窯や上野・釜ノ口窯で使用された陶土に共通する白い砂粒が確認できる。

この独特の〝白い砂粒〟については唐津焼十二代・中里太郎衛門（無庵）氏も「内ヶ磯・釜ノ口窯の胎土は、鉄分の少ない灰黄色または赤褐色の土で縮緬皺があり、唐津と異なる点は小さい白い砂粒が入っている点である」（『日本のやきもの3　唐津・高取』）と記しておられ、直接ご本人から伺ったこともある。

図59　S字状のひび割れがある内ヶ磯窯製の片口鉢と口部脇の文様印。類似の文様が内ヶ磯窯跡から複数出土している（個人蔵）

上の片口鉢の口孔部の瓢箪形の透かし彫り

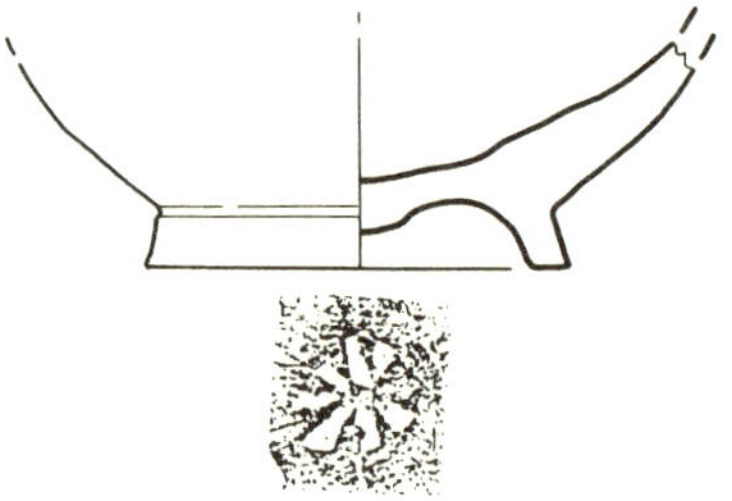

図60　内ヶ磯窯跡出土の茶碗片。8～18弁の様々な菊花文様が複数出土している（『古高取内ヶ磯窯跡』より）

この片口鉢の口作りは、上野焼にない内ヶ磯窯独特のものである。底部にS字状の大きなひび割れが入っていることからしても、「綺麗寂び」と称された遠州の見立てとは考えにくい。

さらにこの片口鉢には、火災に遭った痕跡がある。底部のS字状のひびを漆で埋めていたものが焼かれ、漆の大半が灰になってしまって焼け焦げているのである。ちなみに漆の茶入が登場するのは利休の時代のようだが、盛んに使用され始めるのは織部の時代からである。

伝世する名物茶陶には、戦乱による火災から救出されたものが少なくない。二度の大火をくぐりぬけてきた名物茶入、銘「ツクモナス」（九十九髪茄子）がその代表である。この茶入はもともと足利義満が秘蔵していた唐物茶入で、その後松永久秀に渡り、信長の所持品となった。その後本能寺から救出された後、大坂城焼失の際に家康の命によって再び救出されたという数奇な歴史を持つ。

この片口鉢も、もしかすると慶長二十年（一六一五）の大坂城焼失の後、救出されたものかもしれない。実際、大坂城跡から古高取が出土しているのである。

いずれにせよ、豊臣家滅亡後、このような秀吉好みの意匠は限られた範囲でしか流通しえなかったはずである。この片口鉢は、古高取研究のみにとどまらない大変重要な品といえる。

秀吉が使用した陣羽織に、金箔を押しその腰部にツバメをあしらったものがあるが、内ヶ磯窯跡出土の四方をおさえた鉄絵の皿には、ツバメと柳が描かれている（図61）。周知のとおり、織部は大坂の陣で豊臣方に内通したかどで切腹を命じられている。京三条「せともの町」界隈の陶器商の屋敷跡地の裏庭に掘られた穴に、未使用の桃山茶陶が完形品のままとめて埋まって（廃棄されて）いたという、通常では考えられない出土事例もあり、改めてこの謎を検証する必要性がある。

京の織部邸跡から出土した大型の青織部の角皿の絵柄に、豊臣家の家紋である桐が描かれたものがあったことも付記しておきたい。

図61　内ヶ磯窯跡から出土した、ツバメと柳が描かれた絵皿片（個人蔵）

如水好みの意匠

古高取には、福岡藩祖・黒田如水が好んだ意匠も多い。その一つとして、黒と白のツートンカラーの「カチガラス（勝ち鴉）」を挙げることができる。「カササギ」とも呼ばれるカラス科の鳥で、佐賀〜筑紫平野を中心とした一部のみに分布している。〝カチカチ〟と鳴くことから、縁起のよい鳥とされ、如水が朝鮮出兵の折に土産として持ち帰っ

図62　カチガラス(是永克実氏撮影)

たとの逸話がある。

このカチガラスを周囲四ヶ所に線刻し、かつ底部に「水」の凸印が刻まれた巾着（きんちゃく）形の建水が伝世している（図63）。

また如水が養父・小寺家の「藤巴」とともに、「黒餅」と呼ばれる白地に黒丸の図案を家紋としていたのは有名だが、彼の合子形（ごうすなり）の兜を思わせる姿形の茶碗（図64）を始め、黒白二色の色合いを取り入れた意匠は多い。

「朝鮮唐津」と呼ばれる黒白二色の掛分釉茶碗が九州・山口一帯で最も多く焼かれたのも、実は内ヶ磯窯である。

さらに、クルス（十字架）風の割高台をもつ伝世品の茶碗（251ページ、図146）は、如水が熱心なキリシタン大名であったことを想起させる逸品である。

博多の豪商・神屋宗湛の日記

筑前博多は、古くから大陸貿易の中継基地として栄えた港町であった。中世末期にはすでに堺と同様、町衆の自治によって運営されており、秀吉の九州攻めには黒田、細川そして古田織部を含めた多くの武将だけでなく、博多や堺の商人を陣中に加え、千利休や津田宗及といった茶人も従っていた。

博多の豪商・神屋宗湛は、その前年大坂城で開かれた茶会に招かれ、秀吉に謁見した。秀吉は九州遠征に際しても宗湛を召し出し、「筑紫の坊主」と呼んで破格のもてなしをしたという。また秀吉は博多を「大唐・南蛮の国々の船着き場」として堺と同様直領化、宗湛は、大陸との関係も深い博多商人・島井宗室とともに、戦乱で灰燼と帰した町の復興を担った。

宗湛の著した『宗湛茶湯日記』（以下『宗湛日記』）は、慶長七年（一六〇二）正月十五日、黒田如水、長政親子、そして唐津藩主・寺沢志摩守広高（しまのかみひろたか）との四人で宗湛主催の茶会が行われた

図63　カチガラスをあしらった伝世品の建水（個人蔵、石光秀行氏撮影）

図64　如水の兜を思わせる合子形の茶碗も出土している（九州歴史資料館提供）

ことを記している。

寺沢氏は、織部と同じ美濃出身の大名である。『宗湛日記』によれば、宗湛はこの茶会が開かれた翌月の二月、三月、五月、六月、七月、八月（三回）、十二月（三回）、翌慶長八年（一六〇三）正月（二回）と、立て続けといってよいほど頻繁に黒田藩の家老や側近たちと茶会を開いている。

この時期宗湛は唐津にも屋敷を持ち、博多と唐津を行き来していた。豊臣期、唐津の松浦地区一帯に出現した古窯群は、唐津と深い関係にあった宗湛の存在を抜きにしては考えられないのではないだろうか。織部好みの茶陶がいわゆる松浦系の唐津古窯に多いことは、紛れもない事実である。ちなみに甕屋の谷窯の別名は、「神谷窯（かみや）」であるという。

さて信長や秀吉の時代以後、武家の茶会では、単なる茶事に留まらず政治向きの話もおこなわれた。これは信長が始めた「茶の湯政道」の流れであり、その中で「闘茶」に代わる茶の湯の新しい形式である「侘（わ）び茶」を大成させたのが利休である。利休の弟子の多くは、織部を始め、多くが信長の側近の武人達だった。秀吉の時代になると茶の湯はさらに盛んになる。信長、秀吉の側近だった如水が利休流の茶の湯を推奨するのは当然であり、彼は織部とも長く同門の茶友であった。京三条「せとものや町」を中心に茶陶が流通していたことを、如水が知らないはずはなかった。

一方、宗湛の茶会に登場した唐津藩主・寺沢広高の領内には、内ヶ磯窯とよく似た、やや小規模の道納屋谷窯がある。この窯の製品は「せとものや町」界隈の遺跡からも出土していて、内ヶ磯窯と類似した意匠をもっていたことが分かっている。
するよと当然、道納屋谷窯にも内ヶ磯窯と同じ瀬戸・美濃系陶工の技術が流入したという推測が成り立つ。この二つの窯は立地、構造、基礎勾配、窯室の数などの基本要素においても共通点が多く、彼らが築窯の段階から関わっていたと考えても不思議はない。

唐津藩浪人・五十嵐次左衛門の登用

『東山高取焼仕法記』によれば、元和年間（一六一五〜一六二四）の中ごろ、尾張出身の大名・寺沢家の浪人だった五十嵐次左衛門が三十人扶持で黒田家に召し抱えられ、「細工人」（＝陶工）を組織して高取焼の茶陶生産に関わったという。次左衛門は神屋宗湛とも茶友であったというから、おそらく宗湛の斡旋仲介で黒田藩に紹介され、内ヶ磯窯に関わるようになったのであろう。

大窯を築き、茶席に適った茶陶をつくるためには、技術に長けた陶工の力が必要であった。黒田家でも当然そうした認識はあっただろう。陶工の人選についても、様々な話し合いがなされたはずである。

なお内ヶ磯窯が開窯したのは五十嵐次左衛門が登用される以前の慶長十九年（一六一四）である。仮に宗湛が日記に記した慶長七年（一六〇二）正月十五日が、内ヶ磯窯の計画を話し合う最初の機会であったとすると、窯を操業するまでに十二年もの歳月が経過していることになる。専門的な職人の手当てをし、立地の選定をして、しかも茶陶を軸にしながら一般日用雑器まで大量に焼ける最新の大窯をつくろうというのだから、このくらいの年数がかかっても不思議ではない。特に内ヶ磯とその周辺は、掘るとすぐに岩盤に突き当たる地質が多く、地面を掘り下げる困難はかなりのものであったと思われる。ただし、築窯まであまりに年月がかかりすぎているようにも感じる。内ヶ磯窯の操業年代についてはさらなる研究が必要である。いずれにしても、かなりの資財と入念な準備がないと実行できない大事業だったことは間違いない。

であれば、先行して築かれた初代・宅間窯はこれから始まる本格的な桃山茶陶の大量生産に備えた試験的な窯だったと位置づけるべきかもしれない。内ヶ磯窯跡と宅間窯跡の発掘調査を手掛けた副島邦弘氏も同様の見解を述べている。茶陶としての国焼・高取の本格的な歴史は、宅間窯ではなく、内ヶ磯窯から始まったといえるのである。

美濃茶入と〝同工異曲〟

唐津・道納屋谷窯のすぐ近くに、高取焼の初代・宅間窯と立地がよく似た窯がある。現在の唐津市北波多にあった平松窯である。

平成十六年（二〇〇四）七月、副島邦弘氏、東陽一氏と一緒に道納屋谷窯の現地調査に出かけた折、発掘当時の主任技師を務めた黒田裕一氏は、「平松窯は道納屋谷窯より前の窯で、築窯の場所やその規模からして、道納屋谷窯操業前の試し焼きをした窯とも考えられる」という主旨を述べられた。この平松窯が李朝様式の宅間窯とよく似ているのである。

このように、宅間から内ヶ磯窯への移行の態様は唐津とよく似ている。この点からも、前に述べた唐津藩の浪人、五十嵐次左衛門がキーパーソンとして浮かんでくる。内ヶ磯窯の築窯計画のスタートを、仮に慶長七年（一六〇二）ごろとするならば、従来元和の中ごろとされてきた彼の関与は、この時期まで遡るべきなのではないだろうか。

なおこの次左衛門は士分であったが、神屋宗湛と茶友であったという点からすると朝鮮陶工の八蔵らより年配で、内ヶ磯窯の開窯当時はかなりの高齢であったと考えられる。そのため次左衛門は陶工たちの〝目付役〟的な立場にあったのではないかと思われる。

『東山高取焼仕法記』によれば、次左衛門は釉薬の製法に長けていたという。だが一方で轆轤仕事は行わなかったという内容が記されている。「細工人を抱居申候（此細工人ハ別御扶持筋有之たる由）」という記述もあり、轆轤細工や焼成は別の陶工が行なっていたことがわかる。

平成十七年（二〇〇五）に福岡市美術館で開催された「大名茶陶　高取焼展」の記念図録の中で、尾崎直人氏は、伊賀や備前の水指と内ヶ磯窯の水指の制作技法を比較しつつ「両者の間にはある種の造形的類縁関係が看取され（中略）そこには同時代性による類似性といった曖昧な影響関係を越えた、具体的な交流のありさまが予想される」と述べておられる。茶入の形状に至っては、「美濃系の茶入と同工異曲である」という。

尾崎氏はまた、内ヶ磯窯の作品の中に「『王』（一部に『壬』と読めるような文字のものも含まれる）「二」「T」などの文字や記号を刻んだものが存在する」点に着目し、それが「渡来人の造形感覚とは根本的に異質な、和風の雰囲気の濃厚な作品で（中略）それぞれに同一の造形的特徴や雰囲気を備えていて、焼成時に陶工個人の作を他から区別するための窯印である可能性が高いと考えられる」としている。

一方、内ヶ磯窯の次の御用窯として築かれた白旗山窯では、器種、器形の数が内ヶ磯窯に比較して極端に少なくなる。技法においても内ヶ磯窯とは比べようのないほどパターンが少なくなり、轆轤軌道を観察してみても、回転は遅いが引き上げの早い達人の技が見られなくなる。難易度の高い灰かぶりの窯変を意識的に意匠化したものが見られなくなる点も、注目すべき変化である。

「三条之今やき候者共」

京三条「せとものや町」から流通していた各地の焼きものは、その姿形が似ているだけではなく、共通する道具を使用し、中には窯印、手ぐせが共通するものまでもが存在している。つまり、別人が作ったとはどうしても考えにくいのである。

内ヶ磯窯と同じ「半地下式連房階段状登窯」で、かつ施工の基本が類似する窯として、唐津・道納屋谷窯、美濃・元屋敷窯、上野・釜ノ口窯を挙げることができる。これらは内ヶ磯窯開窯

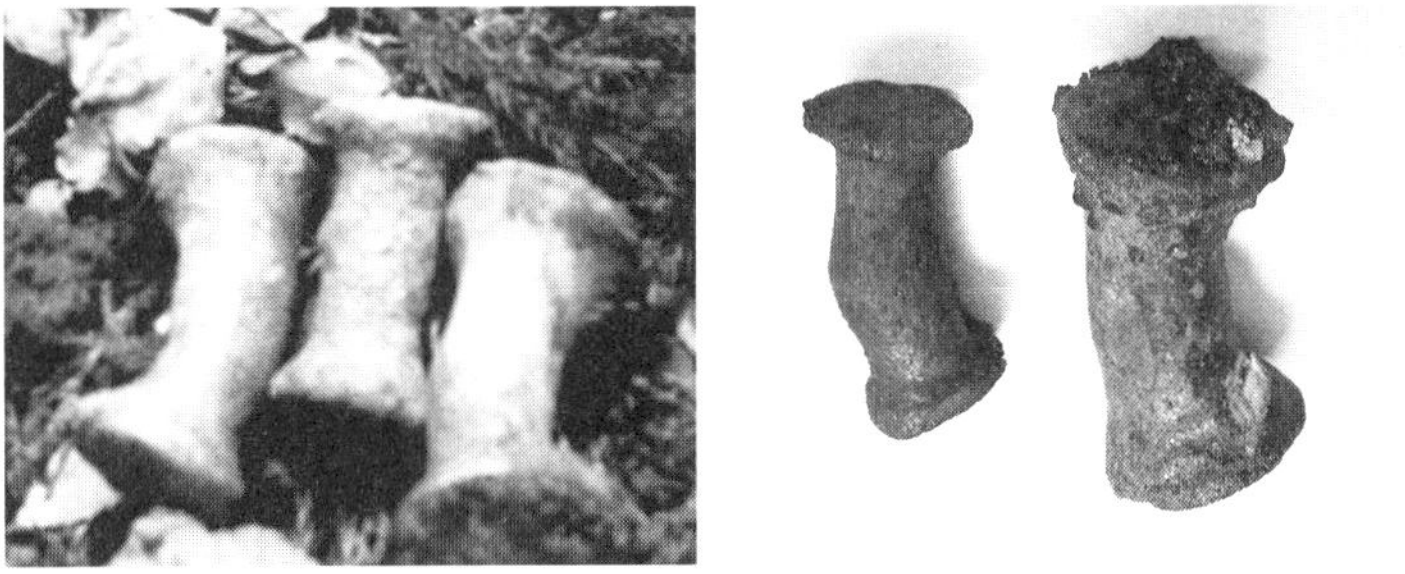

図65　左利きの人物がつくったと思われる“トチン”。上に焼きものを載せて窯詰めする。上が内ヶ磯窯跡、下が道納屋谷窯跡からの出土品

の慶長十九年（一六一四）を下限とするわずか二十五年あまりの内に築かれた窯である。四基の窯の中で最後に築かれた内ヶ磯窯が群を抜いて大きかったことは、実測図を見てもわかる（図66）。

　前項でも触れたが、最も早い時期に築かれた唐津・道納屋谷窯については、平成十六年（二〇〇四）七月、現地において道納屋谷窯跡発掘時の調査主任技師・黒田裕一氏、内ヶ磯窯跡発掘時の第一次調査主任技師・副島邦弘氏、そして当時直方郷土研究会事務局長だった東陽一氏と筆者で調査を行なっている。

　この二窯から出土する〝トチン〟の形は、左利きの人物がつくったと見られる点を含め、驚くほどよく似ている（図65）。逆に内ヶ磯窯に近い上野・釜ノ口窯跡から出土する〝トチン〟は作りが異なっている。これは窯焚きを担った職人の同定をする際、見逃すことのできない問題といえる。

　内ヶ磯と道納屋谷の両窯を知る副島氏は、「驚くべきことにこの二窯は何から何まで類似しており、同一の技術集団によって築窯されたものだろう」と述べられた。

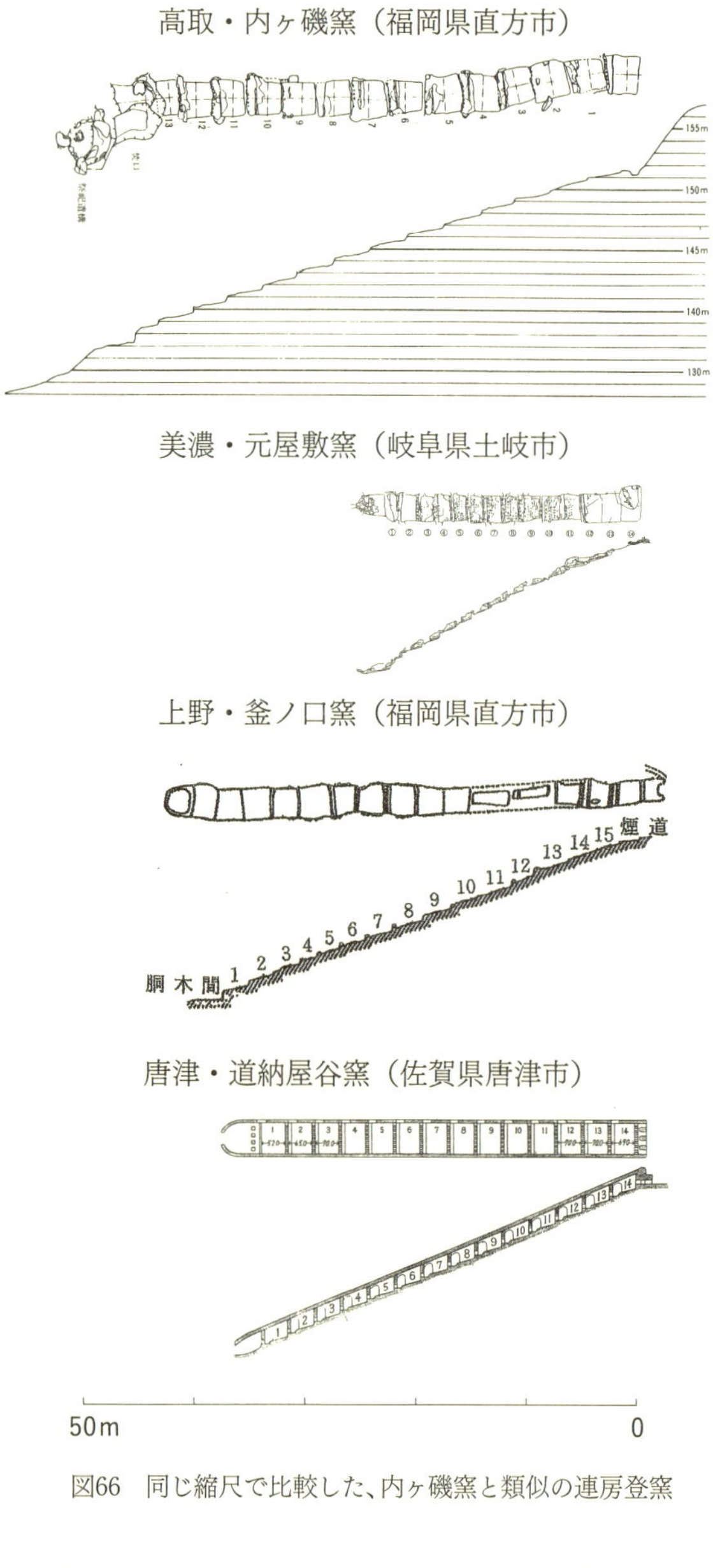

図66　同じ縮尺で比較した、内ヶ磯窯と類似の連房登窯

なお「せともの屋町」で流通した茶陶を制作、販売した者達が各地の窯に往来していたことは、当時の文書史料や陶工達の口伝によっても伝えられている。

ここで、肥前鍋島藩の史料を紹介したい。この書状には黒田如水と古田織部が、書状の主である肥前藩主・鍋島勝茂と同席した茶会での出来事が記されているのだが、その中に以下のような記述がある。

将而此比　如水（黒田如水）同前ニ古織部（古田織部）殿其方々へすきニ参候処ニ、其元へ罷居候唐人やき候かたつき、茶碗座に出候、其ニ付而、三条之今やき候者共、其地へ可罷下様承候、此中も罷下、やかせ候て持のほりたる由候間、むさとやき候ハぬ様可申付候、恐惶謹言

信守
勝茂（花押）

（慶長七年）二月十日

生三　まいる

（『佐賀県史料集成　十二巻』所収「坊所鍋島家文書」、傍点筆写）

鍋島藩では当時「絵唐津」と呼ばれるものを中心に数多くの茶陶を焼いていたが、「京三条の今焼の陶工たちが肥前の地に下り、藩の朝鮮陶工達の窯で焼いた茶陶を京都に持ち帰っているので、むざむざと（勝手に）焼かせぬように」と注意したものである。なおこの書状は藩主・

勝茂が国元の家老・鍋島生三に送ったものである。

この時期、「せとものや町」系の陶工が京都以外の窯場に出かけて〝今焼〟の生産に関わっていた重大な証拠である。だとすれば、彼らが後に内ヶ磯窯に関わったとしても不思議ではないのである。

京三条の陶工が窯の火加減を指導しないと江戸へ献上するレベルの茶陶が焼けなかったことは、次章で紹介する伊賀城主・藤堂家の記録を見てもわかる。これは唐津にしても高取にしても、あるいは薩摩にしても同様だったはずなのである。

現に薩摩から瀬戸の典型的な「肩衝茶入」と同じ姿形のものが出土しているだけでなく、薩摩焼の開祖である朝鮮陶工の金海は上方へ茶入の修行に出ている（『星山家譜』他）。

古陶磁研究家の冨岡大二氏も、雑誌『陶説』誌上で備前地方に残る興味深い伝承を紹介している。京三条「せとものや町」に住した有来（うらい）新兵衛なる陶工にまつわる伝承で、「新兵衛と茂右衛門は親交が深く、世に讃岐の金毘羅宮に参詣し、その帰途伊部（備前）で作陶した」（「有来新兵衛考」）というものである。実はこの「新兵衛」ならびに「茂右衛門」の名は、美濃など他の窯場にも伝承として残されており、いずれも桃山茶陶を焼いた名工として伝わっている。

つまりこの時代、「せとものや町」の陶工たちは、各地の窯場を往来しながら今焼の茶陶制作を制作していたのである。

「ヘウケモノ」登場

内ヶ磯窯が築かれたのは福岡藩初代藩主・黒田長政の時代である。長政は慶長五年（一六〇〇）、関ヶ原の合戦で家康率いる東軍に味方し、一番の手柄を挙げた。その功労により、黒田家は豊臣時代の中津十二万石から五十二万石へと加増され、筑前に領地替えすることとなった。当時藩のお抱えであった国焼の生産は、一国の重要な産業でもあった。内ヶ磯窯の茶陶生産にもし当代随一の茶頭・古田織部が関わっていたとすれば、当然彼と黒田家の間を取り持つ人物がいたはずである。その筆頭として挙げられるべき人物は、長政が初代藩主となる前の時代から織部の茶会に参加し、織部好みの歪んだ茶碗を早い段階で実見していた豪商・神屋宗湛その人であろう。

彼が遺した『宗湛日記』は、天正十四年（一五八六）から慶長十八年（一六一三）までの二十七年間にわたる長大な記録である。織部が各茶会記に登場し始めるころから、茶の湯のリーダーとなり、ついに終焉を迎える二年前までの茶会の有り様が丹念に記されており、貴重な〝同時代史料〟といえる。だが残念なことにこの『宗湛日記』は内ヶ磯窯開窯の前年で終わっている。

『宗湛日記』天正十四年（一五八六）十二月のくだりに、博多商人でありながら堺に「博多屋」という屋号の店を構えていた商人・宗傳と二人で行なった茶事の一節がある。

一　眞壺（まつぼ）ハ、土クロメニシテアラク、薬ハ黄ナルヤウニカワ（乾）キイロニ、遠山ハ肩ノ下ニタシカニアリ、轆轤ハ三、口ノ高一寸二三分ホド、六斤餘ツメト也、底ニ判アリ、薬ソノ内ニチボ〱トアリ、覆ハ白キ厚紙ニテ、シメ緒ハチヤノ四ツウチ（打）也糸ワタ、四重ニムスビ、一ワ（曲）ゲ有テ二処ユイテ被レ出候、此壺ハ金十（枚、脱カ）ニ古田左介ヨリ被レ取候ト也（略）

文中にある「古田左介」はすなわち古田織部である。織部は天正十三年（一五八五）九月に「織部正」の官位を拝領しているから、記録はその翌年のものということになる。なお織部が自身の好みのものを焼かせるため、信長の「瀬戸六作（ろくさく）」にならい「瀬戸十作（じゅっさく）」という腕利きの陶工達を選んだのもこの年といわれている。

宗湛は、慶長四年（一五九九）二月二十八日朝、織部、毛利輝元、その弟秀包（ひでかね）との茶会の記録として「一、ウス茶ノ時ハ、セト茶碗、ヒヅミ候也、ヘウケモノ也」というくだりを遺している。これは宗湛が、織部の歪んだ「ヘウケモノ」（＝ひょうきんな、奇抜な）の茶碗を見た日の有名な記録である。

また『宗湛日記』の「慶長年中元和日記并献立」の記述には、

慶長六年辛丑拾月九日
九日朝　鳥飼村ニテ、
一　黒田甲州様ニ　御會　如水様（黒田孝高）　御相伴　宗湛

鳥飼村御数寄屋　二デウ敷　ヰロリ　新釜ウバ口、友蓋　床ニ達磨絵懸テ、
水指シガラキ　セト肩衝、袋ニ入テ、白地ノ金ラン　引切　黒茶碗ニ、道具仕入テ、
水覆シガラキ　御手前也、

とある。宗湛が内ヶ磯窯の築窯のために奔走し始めたのは、この時期からと見て良いであろう。

『宗湛日記』には他にも、

慶長九年
甲辰二月八日朝　福岡御城ニテ、
一　黒田筑州（長政）様ニ御會「之事御城ナリ、御座敷」
一　茶碗セト也、ヒヅム、ツキ候ナリ、

という記述がある。文中の「ヒヅム、ツキ候ナリ」は織部が好んだ沓形茶碗である。またこの日、

一　肩ツキヘラ五、土薬黒シ、薬クヽミテカヽル、ソコヘゲ土、口付筋一、帯ナシ、　ナダレナシ、
　フタカウライ、

というくだりもある。やはり織部が好んで使用していた、作意のある形の肩衝茶入を使用して

いることがわかる。

慶長七年（一六〇二）には以下のような茶会の記録もある。

慶長七年壬寅正月十五日昼　宗湛振舞
一　如水様　甲州様　寺澤志摩殿（廣高）　三人　同次ニ拾三人
同二月二日朝　同数寄
一　甲州様　吉川殿（吉川廣家）　御両人
同三月十六日昼　同振舞
一　一佐　都十兵　手堺（塚）久左
同五月十六日昼　同
一　小（小河）喜助殿　井上吉左殿　黒（黒田）三左殿　若傳右　喜兵
同六月五日晩　宗湛振舞
一　黒（黒田）惣右殿　心（眞カ）齋　道二　高彦左　空與（クウヨ）
同七月十三日朝　同
一　甲州様　了澤　眞齋　一空　宗也
同八月六日朝
一　井上九郎右殿　栗山四郎右殿　眞齋　都一　宗湛
同十七日朝　同数寄

一　甲州様　了澤　御両人
同昼　書院ニテ、　黒三左殿　若傳右　宗安

引用中に度々登場する「甲州様」は黒田長政その人である。長政は筑前守を意味する「筑州様」、また甲斐守を意味する「甲州様」という二つの呼び方で呼ばれていたのである。宗湛が黒田藩の家老達や如水、長政を交え、頻繁に茶会を開いていることがわかる。

また翌慶長八年（一六〇三）には以下のような茶会が開かれている。

慶長八年癸卯正月四日
四日朝　フクオカニテ、
一　母里與三兵ドノ　御會事
如水様　湛（宗湛）　也（宗也）　三人

「母里與三兵ドノ」とは、名槍「日本号」を福島正則から飲み取ったと「黒田節」にうたわれる母里太兵衛友信のことである。母里はこの時期、内ヶ磯窯が築かれた鷹取の城主だった人物で、彼の「御會事」とはすなわち母里が主催の茶会だったことを示す。なお如水は翌慶長九年（一六〇四）三月、内ヶ磯窯の完成を見ることなく享年五十八歳で他界している。

「ヘウケモノ」の水指と窯印

「ヘウケモノ」は「ひょうげもの」と読み、奇抜でひょうきんなものという意味である。こうした意匠は何も茶碗に限らず、五島美術館蔵の伊賀水指、銘「破袋」（52ページ、図19）などもその好例だろう。

この水指は関東大震災でその共箱や添書きを失ってしまったが、その箱書には「籠目水指」と記されていたという。意匠は〝魚籠(びく)〟の形である。

これまで筆者が見た唐津・甕屋の谷窯（神谷窯）の三ツ足付の伝世品の魚籠形の水指八点には、底に「7」のような窯印（図67）が刻まれていた。魚籠の本来の素材は竹である。こうした竹製品をモチーフとするのは、竹の節目の茶入同様、織部好みに特徴的な例であり、それ以前には見られない意匠である。

織部好みの花入を集めてみると、その多くは籠をつぶしたような形のものが多い。もともと花入は渡来してきた鉄器、青銅器あるいはその写しが主流であったが、利休の時代になると竹を切った花入や竹で編んだ籠が使用されるようになり、織部はそれをさらに意匠として茶陶に取り入れたのである。利休の茶の湯の精神を織部が昇華させたものといえる。そこが織部のすごさであり、利休が賞讃した織部のプロデュース力であろう。

図67　「7」のような窯印が刻まれた、唐津・甕屋の谷窯製の魚籠形水指（『日本のやきもの3　唐津』より）

内ヶ磯窯では、その魚籠が踏み潰されたような形をした「二二」印入りの水指（図68）、歪んだ桶形の「二二」印入りの水指（図69）、その他釜形、算盤玉形、巾着形、阿古陀（あこだ）形、獣足付（じゅうそく）（図70）、台座付（図71）など、実に様々な姿形の水指が焼かれている。

この「二二」印は、水指以外の出土品でも見つかっている。窯糞が付着した掛分釉茶碗（図72上）がその一例である。「二二」印を刻む陶工が、開窯期の内ヶ磯窯に関わっていたことがわかる。

こうした陶片は、内ヶ磯窯特有の斜めの窯詰めで焼かれていたことを物語っている（図72下）が、高台にやはり「二二」印が刻まれ、かつ開窯期に焼かれたらしき沓形茶碗が「せともの町」

図69　「二」の窯印が刻まれた内ヶ磯窯製の桶形水指（個人蔵）

図68　「二」の窯印が刻まれた内ヶ磯窯製の魚籠形水指（福岡市美術館蔵）

図71　内ヶ磯窯製の台座付水指（個人蔵）

図70　内ヶ磯窯製の獣足付水指（個人蔵）

界隈からも出土している（図73）。

「二」印が入った茶陶は内ヶ磯窯に限らず、伊賀、美濃、備前、京音羽など各地で確認されている。特徴を総合してみると、当時の今焼の中でも特に大胆な姿のものが多い。だが実際にこれらを使用してみてわかることは、「二」印の陶工が、茶の湯の作法を心得た上でこうした変化をつけているという事実である。「ヘウケモノ」の今焼を制作できたのは、この陶工のように選りすぐりの職人に限られたはずで、高度な知識と技術を要する今焼の茶陶は、瀬戸や美濃、伊賀、そして京三条「せとものや町」に関わる陶工抜きには考えられなかったはずなのである。

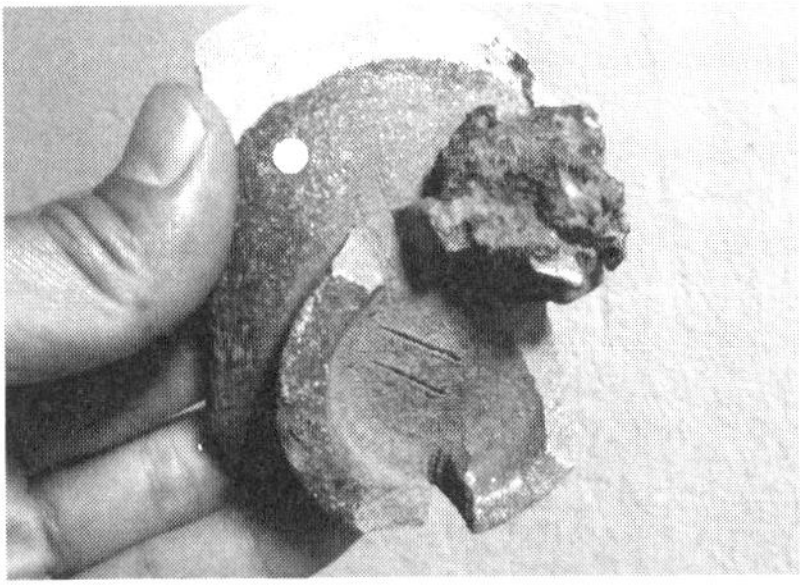

図72　窯糞が付着し、底部に「二」印が刻まれた沓形茶碗片（上）と、斜めの窯詰めの結果、窯糞が斜めに溜まった茶碗片（個人蔵）

図73　京三条「せとものや町」界隈の下白山町遺跡から出土した「二」印入りの茶碗（京都市埋蔵文化財研究所提供）

第四章

謎の陶工・別所吉兵衛

伊賀焼の指導者

内ヶ磯窯から出土した陶片や伝世の優品に、作為的な〝灰かぶり〟を見所としているものが多い点はすでに述べてきた通りである。その肌合は一見、釉薬掛けをした備前焼のようにも見える。

これは窯の中で起こる自然現象をよく理解し、どの位置に置けばこのような灰かぶりが焼けるのかを熟知した職人が、窯詰めから最後の窯の焚き止めまでを指揮したからである。

当時流行した今焼の茶陶は、京三条にあった「せとものや町」と呼ばれる一画を中心に流通していた。であれば、当然その職人たちはこの「せとものや町」とも何らかの関わりがあっただろう。

当時の伊賀、備前にその手がかりを探してみたところ、満岡忠成氏監修の『陶器大系　第八巻　信楽・伊賀』の中に、次のような藤堂家の記録が紹介されていた（引用文中の傍点は筆者）。

大通院（高次）様御代、寛永十二年乙亥の春、伊州丸柱村の水指、御物好にて焼せられ、京三条の陶工孫兵衛、伝蔵、両人雇ひ呼寄、所の者火加減を習ひ候由、其節凡百三十三出来して東府へ送る

築城の名手として知られた初代伊賀城主・藤堂高虎が寛永七年（一六三〇）に没すると、高次がそのあとを次いだ。高次は大の数寄者で、茶陶への関心も高かった。ここで重要なのは、京三条の「孫兵衛」、「伝蔵」なる陶工が藤堂家に雇われ、伊賀の地場陶工に火加減を指導したというくだりである。裏を返せば、伊賀焼茶陶の灰かぶりは、京三条の陶工たちに指導してもらわねば焼き出せなかったといっているのである。

次に備前と京三条との接点を探してみると、備前焼研究の大家・桂又三郎氏が著した『古備前大事典』の中に、以下のような記述があった。

茶器印　〇印宗伯、丁(う)印新兵衛、[illegible]印正玄、十印茂右衛門
此四人天正文録(ママ)慶長の名人なり

備前に大窯が築かれた応永年間（一三九四〜一四二八）ごろは、「六姓」と称される大饗(おおあえ)、金重(かなしげ)、木村、寺見、頓宮(とんみや)、森の各家が共同で生産を行なっていたが、この家系に四名の名は見あたらない。かつ文中の「新兵衛」と「茂右衛門」は、第三章で紹介したように他所から備前

を訪れた陶工の名と一致する。おそらく伊賀・藤堂家の記録と同様、京から備前を訪れた〝渡り陶工〟であろう。

なお「〇」印の宗伯、「丁」印の新兵衛、「十」印の茂右衛門の三名は、京三条に住した陶工・別所吉兵衛が遺した記録（『別所文書』）中にも見える人物である。

いずれにしても当時の〝ハイテク技術〟であった桃山陶器の生産と流通は、これら「せとものや町」系の陶工がいなければ成立しなかったのであろう。

この時代、つくり手と窯焚きの分業は普通に行なわれていたことで、伊賀に指導に赴いた孫兵衛や伝蔵のような陶工が備前や高取にも出向いて高度な技術を要する窯詰めと焚き止めを担ったと考えるのは、何ら不自然ではないのである。

窯印目利歌

内ヶ磯窯の茶陶は、「織部好みの申し子」といわれる伊賀焼や美濃焼、備前焼、唐津焼などとともに、京三条「せとものや町」から流通していた。特に内ヶ磯窯製のものは「せとものや町」に近い中之町、下白山町、福長町の三ヶ所から出土している。

同じく「せとものや町」界隈にある弁慶石町からは上野・釜ノ口窯のものが出土しているが、これは生産・流通に関わった人物の違いが最も大きな要因と考えられる。ちなみに豊前上野・

釜ノ口窯を築いたのは、織部とともに師・利休の最期を見送った細川忠興（三斎）である。

最初に注目したいのは中之町の遺跡である。この遺跡からは「十」もしくは「×」と見える窯印が出土している。産地は美濃ほか複数に及んでいるが、およそ同手のものばかりである。

一方、古陶磁研究家の冨岡大二氏は、雑誌『陶説』や単著『古陶磁のみかたのコツ』の中で、古来備前地方に四人の京陶工たちの活躍を賞した「目利之歌」が伝わっていることを紹介している。徳利類の窯印をまじえて歌った口碑で、江戸中期の『類聚名物考』、さらに江戸末期の『嬉遊笑覧』に記されているという。まず『類聚名物考』から。


底見れば松葉長元、丁新兵衛、丸宗伯よ、十は茂右衛門

一方の『嬉遊笑覧』は、

古備前は松葉長元、丁新兵衛、丸は宗伯、十は茂右衛門

両者ともほぼ共通する内容で、リズムに乗って覚えやすい語調である。

冨岡氏が各地に足を運んで伝承を集めておられたころは、まだ本州では手回し轆轤が主流であった。備前では手回し轆轤時代の土づくりの作業歌としても目利歌が歌われていた。

古来、職人の分業で成り立っていた各地の窯業は、昭和四十年代になるとすっかり様変わり

した。手軽で簡単なガス窯や灯油窯、あるいは電気窯が台頭し、陶芸ブームの到来も手伝って個人作家が急増、陶材商から材料一式を購入するのが一般的になる。そのため分業時代の職人達が職を失い、かつては職人が渡り歩きながら受け継いできた口伝や伝説は、自然と消滅してしまったのである。

吉兵衛と茂右衛門

小形の預け徳利は、茶会の席で使われた茶の湯道具である。よって、前項に紹介した古備前の目利歌に登場する四名も、茶陶を得意とした陶工といって良いだろう。窯印は、安土桃山から江戸初期までの茶陶に多く見られる、陶工の〝サイン〟である。* こうした伝承をわざわざ紹介するのは、先の四つの窯印が内ヶ磯窯跡からも出土しているからである。ここで注目したいのが、『別所文書』を著した京三条の陶工・別所吉兵衛である。草間直方の『茶器名物図彙』に以下のような記述がある。

此は利休時代とも云へり。京仏光寺烏丸に住し、古瀬戸を専ら似せて業とすと云へり。古瀬戸は作至って上手也。利休遠州公時代の内也吉兵衛は利休から遠州の時代の陶工であり、京都の仏光寺烏丸に住んでいたという。時期的には織部の時代も跨いでいるから、内ヶ磯窯の操業期と重なる。

また『原色茶道大辞典』の「別所吉兵衛」の項には、

「利休時代の陶工で、京都烏丸仏光寺に住し、古瀬戸の摸作をしたという。その後は代々押小路柳馬場に住し、七里市兵衛を称し、万屋を屋号としたと伝えられる。なお一説に、吉兵衛は遠州時代の茶入の名工で、瀬戸・伊賀・伊部などに往来し、遠州好みの茶陶制作に協力したといわれ、『別所吉兵衛一子相伝書』は彼の筆録であるという」

と記されている。

次に注目したいのが、目利歌に詠まれた「十」印の陶工・茂右衛門である。第一章でも紹介したが、『別所文書』には茂右衛門について以下のくだりがある。

国焼遠州好

一、 肥前高取金森宗和御物数寄にて某が従弟茂右衛門下り焼

おそらく国焼高取をして「遠州好（み）」と記した最も古い時代の文書ではないだろうか。吉兵衛は茂右衛門を自分の「従弟」としている。彼は、茶人・金森宗和の好みのものを焼くため「肥前高取」に下ったという。同時代の陶工だった吉兵衛の遺した記録だけに、これほど史料的価値の高いものはない。

「国焼遠州好」という文脈から、おそらく「肥前高取」は「筑前高取」の誤記であり、時代的には内ヶ磯窯から白旗山窯の時代である。肥前と筑前の双方に下ったと取ることもできるが、いずれにしても茂右衛門は高取のいずれかの窯場で茶陶を焼いたのである。

＊窯印……窯印については、作者を示すものであるとする説、茶陶の注文主を区別するために記されたものであるとする説の二つがある。筆者は、窯印入りの出土品と伝世品の比較、そして成型や釉調といった技法の共通点の観察、ならびに信長が瀬戸の選りすぐりの陶工に窯印を与えたとされる記述などを総合し、前者の説をとるのが妥当と考える。共同で生産を行なっていた備前の大窯の製品には様々な窯印が見られる。

吉兵衛の出自

筆者が『別所文書』の存在を知ったのは、加藤唐九郎翁と作家・立原正秋(まさあき)氏の共著『紫匂ひ』の注書きに「『別所吉兵衛一子相伝書』写本一巻」とあるのを目にした折である。『別所文書』の中で最初に注目したのは、瀬戸の陶祖・加藤藤四郎について記した以下のくだりである。

日本の内にて備前の土ほど細き土なし是を以て躑躅(つつじ)の灰、竜脳の油を用ひいと細やかなる

> 絹にてふるい、水干を五へんして薬（筆者注・釉薬）にして焼たれば薬筋の如く走り筆先にて書し如くに出来す、是藤三郎天性茶入冥加に叶いし者故也、（中略）其唐物を模したる春慶と云茶入土は備前の田土をあく迄水干し、拵写しものは手替りの印にとて二寸（筆者注・約6センチ）許りに竹を削り鋸の如く浅歯をろくろ懸しもの也、……

十二代続くとされる加藤藤四郎の初代・景正（号・春慶）の時代より、瀬戸の陶工が備前と関わりを持ち、彼の地の土を好んで使っていたことが記されている。さらに『別所文書』には、

> 元来唐には茶入というもの曾て無き事也、藤四郎帰朝以後それを見覚えて外の者も器物を焼用る也、当時の香煎入の類なるべし……

と記したくだりもある。茶入は元来中国にない器種であり、これを創出したのが初代・加藤藤四郎であるとしているのである。

あわせて注目したいのが陶祖・藤四郎について「其賞として江州某の庄にて五十町を給り即ち主君の加藤をゆるして加藤四郎左衛門といふ」としたくだりである。

実は吉兵衛には「元江州の産なりしが瀬戸にても焼申候よし」とした記録がある（『名物目利聞書』）。つまり吉兵衛は瀬戸焼の宗家・加藤家と同じ江州（滋賀県）出身なのである。

『大正名器鑑　第三編』に至っては「文禄四年　瀬戸の陶主別所吉兵衛」と記している。吉兵

衛は瀬戸宗家の直系の子孫なのだろうか。だとすれば「別所」の姓は何なのか。いずれにせよ、彼が加藤氏の一族と深い関係にあったことは間違いないだろう。

吉兵衛の名は、表千家五代・随流斎宗左（一六六〇—一七〇一）の著した『延紙ノ書』の一節にも登場する。

新兵衛、吉兵衛、万右衛門、京瀬戸物町にて瀬戸屋なり、作為にて作り、方々へ焼遣候、利休時代にても可有之也

ここには吉兵衛だけでなく、新兵衛、そして万右衛門なる人物も登場する。「作為にて作り、方々へ焼遣候」とあるように、彼らは京三条「せとものや町」を拠点に、各地の窯場で活動していたのである。

新兵衛と万右衛門は『別所文書』にも記されている。

一、有来新兵衛　三条通唐物屋瀬戸窯にても焼後粟田口にて焼
○後窯（のちがま）　弁舌外五
一、万右衛門唐物同前なり併て今の造者何れも同じ也、後世に上手名人が出来る事を持つもの也
○唐物模作

吉兵衛が自らの来し方に触れた、以下のようなくだりもある。

我十八歳より今日に至る迄細工を習ひ焼といへども生得拙き故出来ず　然れども近年、遠州公の御目がねに預り古瀬戸を模すといへども中中似るべき物にてもなし

小堀遠州が彼の技量を評価していたことがわかる貴重な一節である。ちなみに「古瀬戸を模す」とは、古瀬戸の名品を手本とした「写し」をつくっていたという意味である。

吉兵衛の窯印

内ヶ磯窯跡からは、古備前の窯印目利歌に伝わる新兵衛の「丁」印や宗伯の「〇」印、さらに茂右衛門の「十」印が出土している。伝世品の中にも同様の窯印が見つかっている。

一方、『別所文書』を著した別所吉兵衛の窯印については文献上、手掛かりがない。

ところが筆者はかつて、銀座の茶舗「池田園」の主人と茶花の宗匠・加藤淡斎先生のお二人が、吉兵衛の窯印として伝わる口碑について話しておられるのを聞いたことがある。それは、

というものであった。この話を聞いたのは昭和五十三年（一九七八）、「池田園」の店先でのことだった。お二人の話が申し合わせたように一致したので、よく覚えているのである。だが当時は『別所文書』の存在も知らず、「二」の窯印が重要な意味を持つなどとは思いもよらなかった。ちなみに「池田園」の主人にこの口伝を伝えたのは、幕末文久生まれの瀬戸の名工・加藤麦袋（ばくたい）氏とのことであった。

加藤は今も瀬戸系の陶工に多い姓であり、信長の天正二年（一五七四）正月二日付の朱印状にも「賀藤市左衛門」の名が記されている。この賀（加）藤市左衛門は永禄六年（一五六三）に信長が選んだ六人の名工、「瀬戸六作」の一人である。

さて、これまで伝世品も含め五十九点の「二」印茶陶を見てきたが、二点をのぞいてはすべて織部好みといえる意匠だった。加えて、茶陶の勘どころが見事に押さえられており、同手のものといってよい作りであった。

以下に、筆者がこれまで拝見してきた「二」印の伝世品および完形に近い出土品を合わせ、器種ごとに列記する。

○茶入（計7）

内ヶ磯（5）、備前（2）

○茶碗（計16）

図74　「二」印が刻まれた内ヶ磯窯製の耳付花入(福岡市美術館蔵)

図75　右と同じく「二」の窯印が刻まれた、内ヶ磯窯製の耳付花入(個人蔵)

内ヶ磯（7）、志野（3）、黒織部（3）、御所丸（3）

○水指（計10）
内ヶ磯（8）、美濃伊賀（1）、京音羽（1）

○花入（計19）
内ヶ磯（13）、美濃伊賀（2）、伊賀（2）、備前（2）

○建水（計2）
内ヶ磯（2）

○徳利（計3）
備前（3）

○向付（計1）
内ヶ磯（1）

○鉢（計1）
備前（1）

備前と内ヶ磯窯の茶入一点ずつを除いては、いずれも典型的な桃山茶陶である。

隣の豊前上野・釜ノ口窯跡からも、「二」、そして「十」、「□」の窯印が刻まれた高台片（図76）が出土している。もしかすると彼は細川三斎（忠興）に招かれ、上野でも作陶したのかもしれない。

一方『原色茶道大辞典』の「別所吉兵衛」の項に彼が「万屋」を号したという記述があるが、

図76　釜ノ口窯跡から出土した茶碗の高台片。「二」、「□」、「十」の窯印が確認できる（いずれも個人蔵）

これは今でいう商社のような意味を持つ屋号である。吉兵衛は様々な商品を請け負うことのできる人脈を背景とした、京三条の実力者だったのかもしれない。

内ヶ磯窯跡からは、他にも「二」、「三」、「于」、「田」、「大」、「*」、「王（壬）」、「V」、「八」、「八平」、「次平」、「水」「清」といった窯印が出土していることを付記しておく。

「二」印茶入と轆轤目

織部の茶の湯の有り様を記した寛永三年（一六二六）刊の『草人木』に、

いつにても、今焼の竹の筒のごとくなる茶入をハ……

と記したくだりがある。すなわち織部はいつも新作の〝今焼〟で、かつ「竹の筒」のような姿の茶入を使っていたという。

表1　内ヶ磯窯の伝世品と出土品の茶陶に残る主な窯印

	茶入		茶碗		水指（建水）		水指蓋		花入		振出		徳利		ハマ（窯道具）	計
	伝世品	出土品	伝	出	伝	出	伝	出	伝	出	伝	出	伝	出		
二	5		6	16	8	1			13	1						50
王(壬)			12	19	7	1							1			40
丁	2				2										1	5
于								1								1
○		1	2	5	3											11
十(×)	1	1	5	1							5		3	7		23
光存					2		1	6								9
大					2		1	9						4		16
一				2							1					3
*				2	1	1										4
Λ	1				1	1										3
八平						1										1
次平															1	1
水（枠囲み）					1	1										2
清						1										1
三				1												1
田															1	1
レ	1				1	1										3

福岡市美術館には、この記述に適合する姿形で、かつ底部に「二」印が刻まれた茶入が所蔵されている（図77）。この茶入は、一箇分の成型に必要な量の粘土だけを轆轤盤の上に載せ水挽き成型した〝一品作り〟である。なぜならこの茶入の底部を見ると、糸で切ったものではなく、〝アバタ底〟といって、轆轤盤から直接外されているからである。茶入としてはかなり重い部類で一七八グラムあり、厚手の作りである。

この茶入の成型時の指跡である〝轆轤目〟を見ると、底部際から口方向にかけ螺旋状に引き上げてから下方へ一気に引きおろされている。茶入の成型によく見られる技法だが、見事な轆

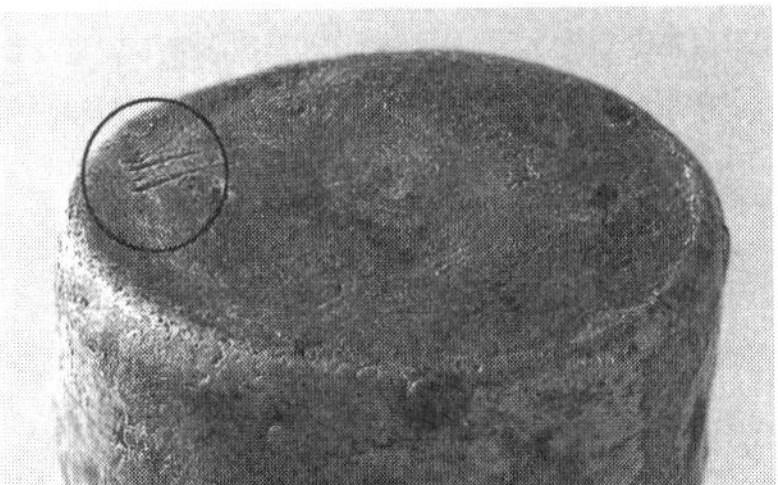

図77　「二」の窯印が底部に刻まれた、内ヶ磯窯製の茶入。底の作りは“アバタ底”と呼ばれるもの。宗湛が「ソコハツクリカケ」と記したのもこれと同手のものだったと考えられる（福岡市美術館蔵）

轆目というのは誰にでも付けられるものではない。天性の技量と鍛錬が必要なのである。「茶碗、香炉の楽山」として名高かった備前焼の二代目・藤原楽山師は生前、「木の板の轆轤は手で廻すので、一気に土をのばさないと、轆轤がとまってしまう。轆轤より手がはやく動かないとだめで、轆轤の技術がすすんで来ないと土を生かしきれない。手回しの轆轤には、どうしてもヤレがあるので、それが微妙な味をつくってくれるのだが、動力にはそれがない」とおっしゃっていた。〝ヤレ〟というのは轆轤目が反転する際に生じる捩(よじ)れのことで、この茶入の〝竹の節〟のように見える胴中央部の凸出した部分がそれである。成型を引きおろしで終わるのは、底切れをふせぎ、安定感を与えるためで、小さな茶入を大きく見せる効果があるとのことだった。底切れすれば、せっかく成型しても焼く前に土に戻さなければならない。大きく見せれば存在感が増す。これとよく似た話を、萩焼十一代・坂高麗左衛門氏からもうかがったことがある。

『茶器名物図彙』の中で、草間直方が次のように記していることにも注目したい。

利休瀬戸　是ハ利休物数寄にて瀬戸竃にて焼出す、土薄赤く濃き柿色薬に黒薬等のなたれあり、糸切板起しにて　凡セゐたかく格好よく肩衝なり、必立(竪)にへらめありて其約束あり、谷川・境屋・地蔵名器なり

つまり「板起し」による「セゐたか」(=勢高(せいたか))の肩衝茶入は、利休の時代以降の特徴なのである。この茶入の胴に掛けられた釉薬が数ヶ所縮んでいる点にも注目したい。このような釉薬の〝縮

み〃は窯本体に湿気が多い時に生じやすい現象である。湿気が最も多いのは初窯だが、「綺麗寂び」を好んだ遠州の時代であれば、こうしたものは〝焼き損ない〃として窯場で処分されたはずである。

内ヶ磯窯の開窯は織部自刃の前年、慶長十九年(一六一四)といわれている。この茶入が初窯で焼かれたものであれば、織部はまだ存命中である。

これまで拝見した内ヶ磯窯の「二」印茶入五点のうち、二点が織部好みの竹筒形で、あとの三点は胴をおさえた歪んだ姿形であった。そのすべてに釉薬の縮みがあったことを付け加えておきたい。

「二」印の志野茶碗

「二」印の茶陶が出土・伝世しているのは内ヶ磯窯ばかりではない。

そこで紹介したいのが、箱に「織部焼」と記された志野焼の茶碗である。筆者の初見は昭和五十二年(一九七七)、銀座「池田園」でのことである。それから三十一年後の平成二十年(二〇〇八)、この茶碗と大変よく似たものに〝再会〃した。『世界陶磁全集 五 黄瀬戸・瀬戸黒・志野・織部・長次郎・光悦』の中で、美濃・中窯跡からの出土品として掲載された茶碗である(図78)。

図78　美濃・中窯跡から出土した茶碗底部（『世界陶磁全集５　桃山（二）』より）

この茶碗には「二」印が刻まれているが、その器形だけでなく、釉調までが先の志野茶碗と酷似している。おそらく同じ陶工が制作し、美濃の中窯で同時に焼いたものであろう。

特徴としてはともに長石釉が掛けられ、釉薬が薄くなった口端部や底部端に、志野特有の美しい緋色の発色が表れている。この緋色は志野長石釉を長時間焼成した時に見られる独特の美しい発色であり、釉調のメカニズムをよく理解した者にしか焼き出せないものといえる。

『別所文書』中に次のようなくだりがある。

惣て茶入薬組は格別、姿第一のものなり　姿の細工下手にては茶入の内に不入、依て利休居士次ては織部様遠州様など御目利、先ず姿を第一に吟味有し事なり

利休や織部、遠州らが茶入を評価する際、まず姿形を重んじたという主旨である。言い方を変えれば、姿形で誰の好みであるのかが分かるという風にも解釈できる。織部の場合、茶入ならば勢高の竹筒形もしくは歪形、茶碗は沓形（歪形）、水指は魚籠形または重ね餅といわれる

瓢箪形が代表だろうか。

余談になるが、かつて筆者も手にとって拝見させてもらった伊賀水指「破袋」（52ページ、図19）は、少年時代の筆者を可愛がって下さった紀伊國屋書店創業者・田辺茂一氏の友人で、東急電鉄の創業者として名高い五島慶太氏が所蔵したものである。この水指は関東大震災で被災し、書状と共箱を失っている。古陶磁研究家の満岡忠成氏によると、その共箱には「籠目水指」と記されていたという。

火災によって共箱と書状が焼かれてしまった名物茶陶は少なくない。「遠州高取」の名物茶入「横嶽」もその一つである。

陶工の指紋

福岡市美術館に、なだらかな肩に耳の付いた黒田家伝来の茶入が所蔵されている（図79）。銘を「霧島」という。仕覆のひとつには黒田家の家紋として知られる「黒餅」と「藤巴」があしらわれ、底部脇に「二」印が刻まれている。

この茶入と同じの姿形の茶入が、実は丹波焼に存在する。小堀遠州が「生野（いくの）」と命名した中興名物がそれである。この意匠にならった茶入は「生野手（いくので）」と呼ばれ、現代に至るまでその写しが焼かれてきた。

図79　「二」印が底部脇（丸で囲んだ部分）に刻まれた生野手の耳付茶入、銘「霧島」（福岡市美術館蔵）

加藤唐九郎氏は『茶道美術全集　5　茶入』の中で次のように記している。

「古来、雑器ばかりを焼いていた丹波窯に、遠州が茶入を造らせたもので、この一個の茶入のためにまた、何ほど多数の茶入を窯入れしたものか、後には、生野手と呼ばれるほどに同形の茶入が世に残ったことによってもわかる。（略）この茶入は、従来の丹波と異なり、土すごくこまかに、釉立ちも精密な調合とみられるが、高尚な色合いと奥深き重なりを見せた景色は、窯中の火変りによって推量すれば、あまたの中から、ただ一個の焼成を得たと思われる名作である」

この「生野」に窯印があるかどうかは定かでない。だが、この二口の茶入は姿形に加え、熟練を要する轆轤の軌道までもが酷似している。つまり黒田家伝来の茶入「霧島」の本歌たる「生野」は、「二」印の陶工・別所吉兵衛が創出した意匠と考えて不自然はないのである。彼が遠州好みも焼いていたことは『別所文書』に記されたとおりである。

内ヶ磯窯でつくられた茶陶のうち、吉兵衛の「二」印は、茶入のみでなく茶碗や水指にも刻まれている。しかし遠州の時代に入ると、内ヶ磯窯だけでなく、美濃・元屋敷窯においても、こうした窯印は茶器本体でなく窯道具のほうに刻まれるようなる。理由は判然としないが、何らかの事情があるのだろう。

なお「二」印の茶入「霧島」は、同じ高取の名物茶入「秋の夜」とも釉薬が似通っている。両茶入の焼成肌合からしても同じ窯籍であることは疑いがなく、同じ時に窯詰めされて焼かれた可能性も高い。

さらに、窯印は刻まれていないものの、轆轤の軌道が酷似した黒田家伝来の耳付茶入がもう一点伝世している。この茶入の従来の窯籍は白旗山窯だが、その焼成肌合い、胎土、口作り、特徴的な耳ならびに糸底痕から考えて、内ヶ磯窯としたほうが自然である。

糸切痕は〝陶工の指紋〟ともいわれ、つくり手の上手下手が如実に現れるものである。本歌と写しが伝世する茶入、銘「染川」二口がその典型例である。

なおこの「二」印茶入の本歌たる丹波茶入「生野」には、江月和尚が記した詩賛が小色紙に記されている。つまりこの茶入には、「秋の夜」と同様、小堀遠州と高僧・江月宗玩の保証書と推薦書がセットで付けられているのである。

一流の茶入は一流の人物達のいわば〝総合力〟で完成するもので、陶工だけが二流だったとは考えにくい。丹波焼の「生野」を含むいずれの茶入も、京三条「せとものや町」系の陶工が関わったものであると考えてまず間違いないだろう。

なお内ヶ磯窯跡の発掘調査報告書には数多くの茶入片が掲載されていて、実に様々な器形がつくられていたことがわかる。その中には遠州が中興名物に選定した古瀬戸茶入の畠山肩衝、女郎花肩衝、相坂丸壺、伊予簾尻膨、春慶瓢箪、春慶口瓢箪といったものとよく似た姿形も見られる。

「二」印の〝点と線〟

茶入とならび、茶碗は茶陶の花形である。特に茶碗は客が手に取り茶を飲むもので、主人の好みを客に紹介できる最適の器なのである。
内ヶ磯窯製の「二」印茶碗は、京三条「せとものや町」界隈の下白山町遺跡から出土している(115ページ、図73ほか)。別所吉兵衛が内ヶ磯窯に関わっていた重要な証拠であろう。
これまで確認した伝世品の「二」印茶碗は、
志野(3)

黒織部（3）
御所丸（3）
内ヶ磯窯（7）

の計十六点。うち十五点が明らかな織部好みである。

織部の茶の湯のありようを記した『草人木』に以下のようなくだりがある。

茶碗は年々に瀬戸よりのほりたる今焼のひつミたる也、別の茶碗も出候へ共、多分其年の今焼也、……

茶碗は瀬戸より京の織部のもとに上った今焼の「ひつミたる」もの、すなわち一世を風靡した歪んだ新作茶碗が茶席に並べられていたという。これが織部最晩年を示すのであれば、おそらくその中には志野、瀬戸黒、黄瀬戸、黒織部、青織部、赤織部等に混じって内ヶ磯窯製の茶碗も並んでいたであろう。ただし、瀬戸から出土した織部好みの茶陶を見たことがない。『草人木』に記された「瀬戸」茶碗は、本当は「美濃」のものだったかも知れない。

次に注目したいのが、大坂の陣に従軍した黒田家家臣・後藤又兵衛配下の長澤九郎兵衛が遺した『長澤聞書』の以下のくだりである。

乱世の時分に、数寄屋道具織部焼と申してあつ手にいたし、青黒き薬をかけし茶わんを用

ひ申し候也。上下共に其の道具にて圓座を敷き、茶を立て申す儀はやり候

　このくだりについて加藤唐九郎氏は、『茶道全集　15』の中で「乱世の時分とは大坂陣の頃或はそれ以前を指す」と述べ、満岡忠成氏は「そうすると織部在世中に既に織部焼なる名があったとみなければならぬ」として注目している。

図80　下白山町遺跡から出土した内ヶ磯窯製の海鼠釉茶碗。高台内に「二」印が刻まれている（京都市埋蔵文化財研究所提供）

　文中の「あつ手にいたし、青黒き薬をかけし茶碗」は、おそらく美濃・元屋敷窯を中心に焼かれた青織部茶碗と指していると思われるが、一方の内ヶ磯窯でも厚手の青黒き海鼠（なまこ）釉の茶碗が焼かれている。鉄釉の上に藁灰釉が掛けられ、黒みを帯びた青緑の発色である。三点が伝世するほか、窯跡からも出土し、京三条「せとものや町」界隈でも二点出土（図80）している。平成十八年（二〇〇六）、直方で開かれた「高取焼開窯四百年祭」に出展されたので細部まで確認したが、そこには「二」印が刻まれていた。織部の活躍中に厚手の青黒き茶碗が焼かれていた窯は、現在この美濃・元屋敷窯と内ヶ磯窯の二基のみである。

　黒織部にも「二」印茶碗がある（図81）。元屋敷窯

跡と「せとものや町」界隈から各一点出土している。これとよく似た完形品も伝世しており、銀座の美術店「黒田陶苑」の当主・黒田陶々庵氏から見せてもらったことがある。

窯跡からの出土品のほうは、かつて土岐和陶会会長の野中春清氏が掘り出したものである。春清氏の子息・詔二氏には随分お世話になったが、親子して口をそろえるように「古窯から掘り出された陶片に勝る師はいない」と話しておられたのを記憶している。

一方、朝鮮・釜山近くの倭館の窯で焼かれたとされる御所丸茶碗にも「二」印が確認されている（図82）。この茶碗は織部自筆の箱書を持ち、織部が所持していたことが明らかである。「古

図81　美濃・元屋敷窯跡から出土した「二」印入りの黒織部茶碗

図82　「二」印が刻まれた御所丸茶碗の高台。左右に走る線は「山傷」と呼ばれる焼成時の亀裂。織部が所持していたことが明らかで、別名「古田高麗」と呼ばれる。この他にも二点の「二」印入り御所丸茶碗が伝世している（『大正名器鑑』より）

図83 「二」印が刻まれた内ヶ磯窯製の厚手の沓形茶碗(個人蔵)

田高麗」の別名で知られ、これまで朝鮮の地場陶工の作とされてきたものである。

もしこの茶碗が吉兵衛の手になるのであれば、大変な事実である。吉兵衛が朝鮮に渡った可能性を否定できなくなるからである。その場合、「万屋」を号したといわれる吉兵衛の使命は作陶にとどまらなかったはずである。もしかすると彼は、有能な朝鮮陶工の〝スカウトマン〟として海を渡ったのではないだろうか。当時こうした高麗ものの茶碗は、日本から渡った茶陶専門の陶工がまず〝本歌〟(手本)をつくり、現地の陶工に写させながらその力量を見定めていたのかも知れない。

ちなみに「御所丸」の由来は当時の対鮮貿易船である。博多の豪商・島井宗室の文書にもその船名が記されている。

さて「二」印入りで窯籍の異なる出土品・伝世品をこれまで六十点近く見てきたが、そのほとんどが当時流行した桃山様式の典型といえるもので、大きな歪みやくびれ、櫛目、カンナ目が施されている。作りは厚手(図83)が多い。

なお「二」印の茶陶は伊部(備前)や伊賀からも伝わっている。「二」印の〝点と線〟がつながったのである。

「せとものや町」界隈の出土品

〝織部高取〟の「二」印茶陶は、初窯土産や釉薬の縮みが見られる点で共通し、全体に厚手である。轆轤水挽きの手数も少なく、相当な達人の作であることは断言できる。それに比べ、同じ「二」印でも遠州高取の茶入（138ページ、図79）はより薄手で、轆轤目も目立たず手数が多くなっている。

これは内ヶ磯窯跡から出土した膨大な量の陶片と伝世品を比較し、さらに平成十八年（二〇〇六）、京都から直方の地に里帰りした「せとものや町」界隈の出土品を直に観察することで明らかとなった相違である。

また内ヶ磯窯跡から出土する「二」印茶碗は焼け足りておらず、対する「せとものや町」界隈の出土品には焼け過ぎのものが目立つ。中には製品として販売できない程にヘタリ込んだものや、窯道具に融着してい

表2　「二」印の伝世品と完形品に近い出土品を合計した分布状況

		合計
茶　入	内ヶ磯５、備前２	7
茶　碗	内ヶ磯７、志野３、黒織部３、御所丸３	16
水　指	内ヶ磯８、美濃伊賀1、京音羽１	10
花　入	内ヶ磯13、伊賀２、美濃伊賀２、備前２	19
建　水	内ヶ磯２	2
徳　利	備前3	3
向　付	内ヶ磯１	1
鉢	備前１	1
	合　計	59

るものもあった。

出土した焼き損ないは〝窯買い〟（一回の窯焚きで焼かれたものすべて、もしくは焼成室一室分を丸ごと買い上げること）で持ち込まれた結果たまたま混じっていたものと指摘する研究者もいる。だが制作者の立場に立ってみると、使用する素材の胎土や釉薬、焼きあがりを客に見てもらうための〝見本〟だったのではないかと思える。焼き損ないであっても、その出来映えの素晴らしさ故に客に引き取られたものもあろう。特に初窯での焼き損ないは、焼け色や味の良いものが多いのである。

織部は、「せとものや町」に持ち込まれた焼きものを弟子たちとともに目利きしていたという。織部好みの名器には焼き損ないもあること、中には水汲み用の木桶まで高額で取り引きされていたという記録（『看羊録』*）も残されている。

次に興味深いのが、京三条の五ヶ所の遺跡の位置と出土品の内容である（図84参照）。

①中之町遺跡（中京区三条通柳馬場東入ル）
②有来新兵衛屋敷跡（中京区三条柳馬場東入ル）
③福長町遺跡（中京区富小路通三条上ル）
④下白山町遺跡（中京区三条通麩屋町通三条上ル）
⑤弁慶石町遺跡（中京区三条通御幸町）

出土品の特徴として、④から出土したものに、焼け色の悪いものや、焼き過ぎて窯道具に融着したりへタリ込んだものなどが目につく。この場所が誰の屋敷であったかは定かではない。

京三条に持ち込まれた陶器の粗選り（あらえ）をする〝選別所〟だったのかもしれない。

②は「丁」印の有来新兵衛の屋敷跡である。実はこの新兵衛は糸割符（いとわっぷ）商人として中国産の生糸を取り扱った屈指の豪商で、「有来」姓は徳川家康から直々（じきじき）に賜ったものだという（『茶器名物図彙』）。

最も注目しておきたいのは①の中之町遺跡である。

京都市考古資料館発行のリーフレット（『桃山文化の陶磁器つちの中から 2』）に記された記録によると、中之町遺跡から出土した茶陶は千五百点を超え、そのうちの八〇パーセントが美品であった。大半が美濃・元屋敷窯の製品と考えられるもので、唐津、高取などの九州のものは約一四パーセント、その他に信楽、備前、伊賀などがあるという。中之町遺跡からの出土品は、量の多さだけでなく意匠も洗練されていて、特に焼けの良いものであった点は見逃せない。

『名物目利聞書』に、吉兵衛の子孫が「柳

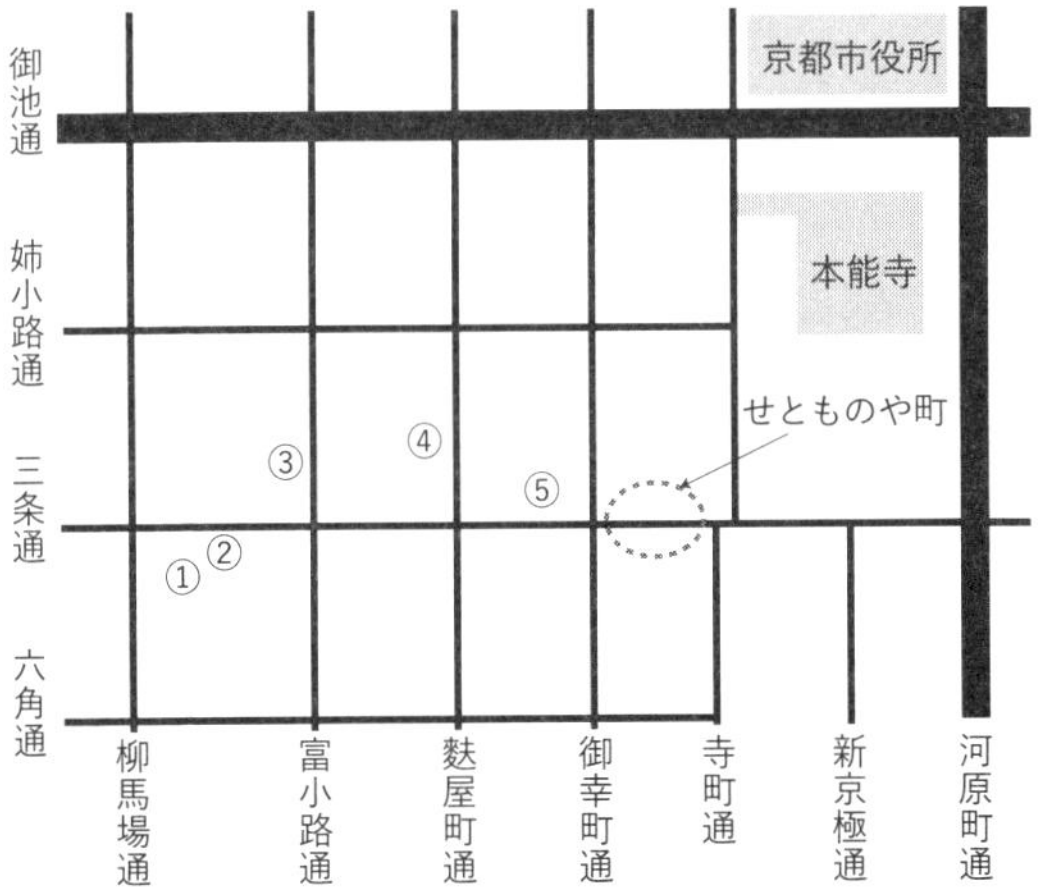

図84　京三条「せとものや町」界隈の遺跡
①中之町②有来新兵衛屋敷跡③福長町④下白山町⑤弁慶石町。破線は「洛中洛外図」に描かれたせともの屋町付近

馬場東へ入る町」で商いをしていたことを記したくだりがある。するとこの「中京区三条通柳馬場東入ル」に位置する中之町遺跡こそが、茶器に「三」印を刻した別所吉兵衛の大店(おおだな)「万屋」の跡地かもしれない。『大正名器鑑』に「瀬戸の陶主」と記されたほどの吉兵衛が人通りの多い場所に店を構えたのは至極当然である。吉兵衛は桃山茶陶の生産から流通、販売までを司るコーディネーターのような役割を担っていたのではないだろうか。

京三条の町割は、信長が提唱した「楽市・楽座」を秀吉が継承した経済政策の一環で行われたものである。「せとものや町」界隈に住した別所吉兵衛と豪商・有来新兵衛は、その両翼を担ったキーパーソンだったのである。

＊『看羊録』……慶長のころ朝鮮使節として来日していた姜沆(カンハン)の著。「古田織部なる者がいて、ことごとく天下一を称している。花や竹を植えつけたり、茶室をつくらせたりすれば、かならず黄金百枚を支払ってかれに鑑定をもとめる。炭を盛る破れ瓢、水汲み用の木桶でも、もし織部がほめたとなれば、もうその値は論じるところではない」と記されたくだりがある。

窯道具は語る

利休と織部の没年(利休＝天正十九年〈一五九一〉、織部＝慶長二十年〈一六一五〉)からすると、利休の活躍期は天正年間、織部は慶長年間、次の遠州は寛永元年から遠州没年(正保四年〈一六四七〉）までと、おおまかに区分することができる。

織部が「瀬戸十作」と呼ばれる陶工達を選んで焼きものの生産を始めたのは天正十三年（一五八五）とされている。まだ利休の時代である。茶碗や水指、花入など織部好みの茶陶が茶会記に登場し始めるのは、利休の没後しばらく経ってからである。

「芦屋の港から大河をさかのぼった先に天下一の織部の隠し大窯がある」という伝承を教授下さった藤原楽山師は、二代目楽山襲名以前の十九歳の時分に、伊部（備前）のある古窯の焚口付近で工房跡を発見している。これが伊部古窯群のどの窯だったのか、今となっては知るよしもないが、そこには算盤玉状に口合わせにして重ねられた素焼きの擂鉢があり、中に〝菊練り〟途中の粘土と、それを砲弾状に練り上げたものがあったという。すぐ近くには、馬の形の陶人形と「二」印の耳付花入陶片もあったらしい。楽山師は早速粘土を持ち帰り、二口の花入をつくったそうだが、粘土はまことに手触りが良く、以来それ以上のものには巡り合ったことがないとのことだった。

持ち帰った花入は、『陶磁大系10　備前』に「押型文の耳付花入」として掲載されているもの（図85）とよく似ていたという。この花入にも「二」印が刻まれている。

これまで見た各地の十九点の「二」印花入のうち、胴の部分に同じ「×」形の押型文が見られるのは五点。その押型は、産地が異なるにもかかわらずよく似ている。「二」印の陶工はこうした道具を常に持ち歩いていたのであろう。

内ヶ磯窯跡の出土品には、伝世品の耳付花入（図86）と全く同じ道具で押された水指片（図

図85 「二」の窯印が底部に刻まれた押型文の備前耳付花入（個人蔵、『陶磁大系10　備前』より）

87）がある。この押型文は糸切痕同様、陶工を同定するのに大変に重要なものである。

楽山師から伺った話によると、昔の渡り陶工たちは手回し轆轤を回す「轆轤ボセ」なる道具を持って渡り歩いていたが、そのボセにこうした文様が刻まれていることがあったという。

珍品の船徳利

これまでに見た内ヶ磯窯製の「二」印花入は十三点である。そのうち五点に〝窯糞〟が付着し、三点には釉薬の縮みが確認できる。

図88　「二」印が刻まれた美濃伊賀花入。窯印の下に花押らしきものも記されている。図86と似た押型文も確認できる（個人蔵）

上:図86　内ヶ磯窯で焼かれた伝世品の耳付花入（田中丸コレクション蔵）
下:図87　同じ道具で押されたと思われる陶片（個人蔵）

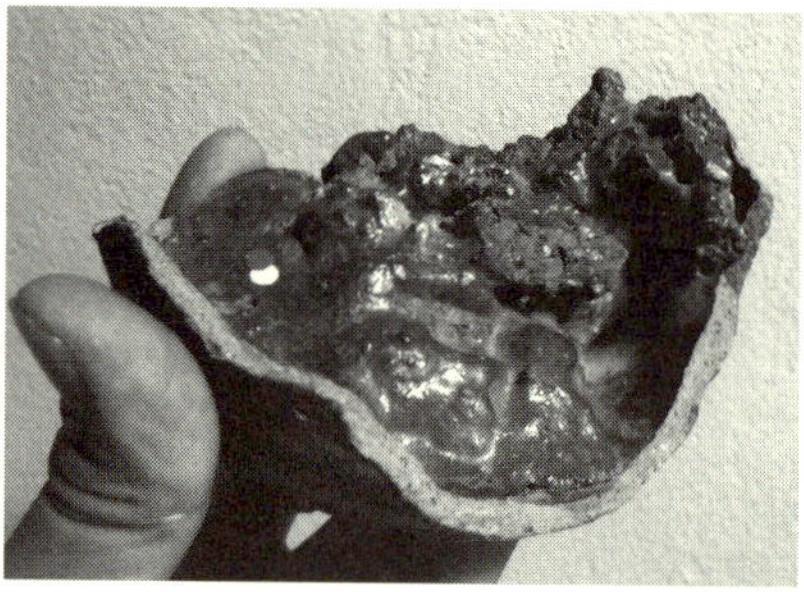

図89　茶碗に付着した、10センチを超える特大の窯糞(個人蔵)

窯に火を入れ熱を加えて温度が上昇していくと窯は膨張する。そのため窯壁には亀裂が入り、窯壁の素材に含まれる鉱物（酸化鉄）の塊が溶け出して降り落ちる。この現象が最も激しいのは初窯の時である。内ヶ磯窯の初窯は織部の最晩期であり、焼成に長時間を要した内ヶ磯窯の特徴を考えれば、窯糞が降り注いだのはおそらく初窯以降の数回のみだったであろう。

窯糞が付着した伝世品や陶片（図89）はいくつもある。山の斜面を掘り込み、鉱物が混じった残土で窯を築いた半地下式の構造ならではの現象である。

内ヶ磯窯で「二」印茶陶が集中して制作されたのは、この開窯期と遠州の寛永期に大別できる。京三条に住した吉兵衛が、遠路はるばる草深い直方の地を訪れるのである。その時期が限られていたのは当然であろう。ではその限られた時間の中で吉兵衛が手がけたのは、茶入、茶碗、花入だけだろうか。

ここで紹介したいのが、内ヶ磯窯跡から出土した首の無い船徳利（大瓶）である（図90）。この船徳利の首上は現在、漆で修復されている。よく見るとこの船徳利の肩にも多くの窯糞が付着している。

この船徳利は、風船を膨らませたようにピンと張りつめていることに加え、首のつけ根が下

図90　水指の上で焼かれていた船徳利。水指の口部と船徳利の底部にはしじみ貝の痕がある。水指の底部には「二」印が刻まれている(いずれも個人蔵)

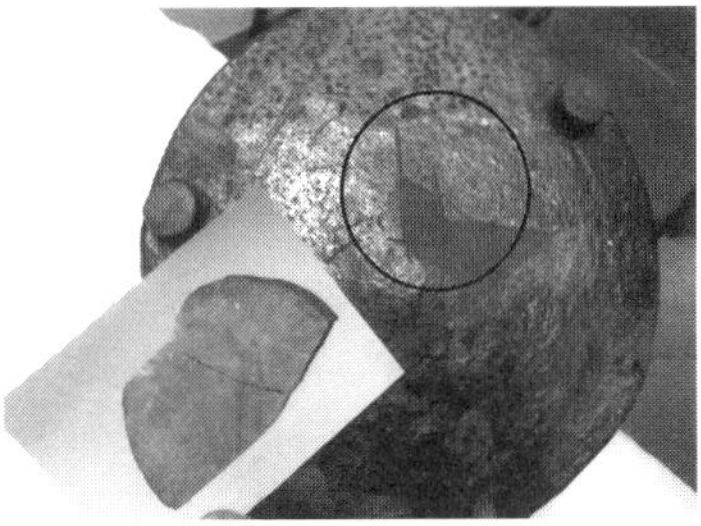

上:船徳利の底部
左上:水指の口部
左:「二」印が刻まれた水指底部

図91　京焼と考えられる魚籠形水指。底部の見えづらい箇所に「二」印が刻まれている（個人蔵）

がっている。おそらく大きな窯糞が落ちて口を塞いだため、このように膨らんだのである。

船徳利の底部には六枚の大きなしじみ貝の痕がある。これは貝を使って製品同士の融着を防ぐ窯詰め法の一種である。あえてその痕を景色とする場合もある。近年、この〝貝目〟と見事に合致するような「二」印の三ツ足付水指が見つかった。口端部には確かに六枚の貝目がある。そのため、この水指が紛れもない内ヶ磯窯製であると判明したのである。

この足付水指の口端は現在も当時のままで、双耳は後でわざわざ掻き落とした痕跡がある。全体のバランスを考えて掻き落とされたのであろうが、釉薬掛けもまことに珍しい「ヘウケモノ」である。これと作りの似た素焼きの陶片が出土している点も付け加えておきたい。

さて『別所文書』には、「織部焼　京音羽、瀬戸にても焼」と記したくだりがある。最後にその記述を裏づけるような「二」印の水指を紹介したい。

この水指（図91）は魚籠が踏みつぶされてしまったような趣で、明らかに京音羽で焼かれたと考えられる土質と肌合いである。こちらも典型的な「ヘウケモノ」で、やはり三ッ足が付いている。足があって〝すじ目〟のある水指、すなわち魚籠をモチーフにした足付水指は織部の茶会記にも登場する。織部好みの意匠の一例といえるだろう。

第五章

織部六作

織部六作

『原色茶道大辞典』に、「織部六作」という項がある。

「瀬戸六作にならい古田織部が選んだ茶入作家六人。吉兵衛、新兵衛、江存、宗伯、茂右衛門、源十郎の六人をいう。織部窯で焼かせたという」

古備前の目利歌に登場した人物の名が並んでいる。

織部が織田信長に仕え始めたのは永禄三年（一五六〇）、まだ古田左介と名乗っていた十七歳の時分だが、その三年後の永禄六年（一五六三）、信長が尾張瀬戸（愛知県瀬戸市）の窯場から六人の名工を選び、窯印を与えたのが「瀬戸六作」である。

これに倣（なら）って織部が天正十三年（一五八五）に選んだのが「瀬戸十作」であり、「織部六作」はこれと同様、織部が別の時期に選んだ陶工なのであろう。

「織部窯」という文言に注目したい。どこかの特定の窯を指すのか、複数の窯の総称なのか、判然としない。

一方、別所吉兵衛は「織部焼」が「京音羽、瀬戸にても焼」かれていたと記している。京三条「せとものや町」界隈の遺跡からは、美濃・元屋敷窯製の「鳴海手（なるみで）」の茶入等に混じり、内ヶ磯窯製の織部好みの肩衝茶入や沓形茶碗も出土している。「せとものや町」系の陶工が、京にとどまらず瀬戸、美濃、そして内ヶ磯窯に往来し、織部好みの茶陶を手掛けていたことはもはや明らかなのである。

「織部六作」に挙げられた六名のうち、茂右衛門は別所吉兵衛の「従弟」である。『別所文書』によれば、茂右衛門は「肥前高取」に下向し金森宗和の好みの茶陶を焼いたという。その茂右衛門らと並んで筆頭に挙げられている「吉兵衛」は、別所吉兵衛その人と考えて間違いない。彼が織部好みの茶陶を手がけた選りすぐりの陶工だったことが、ここでも証明されたわけである。

その他の新兵衛、宗伯、源十郎の三名について記したくだりを、もう一度『別所文書』から掲げてみたい。

一、有来新兵衛　三条唐物屋　瀬戸窯にても焼　後粟田口にて焼
　○後窯　弁舌外五
一、宗伯　元武州川越の人近年京都に上り耳付茶入を焼く茶入より茶碗多し　武州にては伯庵と云ふ
　○後窯　聞ヶ猿
一、竹屋源十郎　茶の湯柄杓茶杓其外道具商、東六条に住す　小細工などよく仕り遠州御意

に入　伏見両替町裏に窯を立て茶入を焼園焼と云ふ　土は信楽にて取り焼く
○後窯　みなの川

最後の源十郎なる人物は「遠州御意に入」、すなわち小堀遠州に気に入られた陶工だと記されている。吉兵衛自身も「遠州公の御目がねに預」った陶工である。彼は遠州の取り立てにより「古瀬戸を模」そうと努力していたが、「中中似るべき物にてもなし」、つまり鎌倉・室町時代に焼かれた瀬戸の名品を手本に茶陶の制作に励んでいたものの、それが容易ではなかったといっているのである。多少は謙遜もあるのだろうが、いずれにせよこの一文は吉兵衛が一流の茶陶を手掛けていたことを明らかにする貴重な証言といえよう。

吉兵衛ら「織部六作」は、歴代の大茶人たちと関わりながら茶陶を焼いた職人なのである。

「丁（う）」印、有来新兵衛

以下の項では「織部六作」の陶工について順に述べていきたい。まず取り上げたいのが有来新兵衛である。

江戸中期の『類聚名物考』の中に記された窯印による目利歌で、新兵衛は「丁」印の陶工とされていた。ちなみに「丁」は「于」の略字である。

図92　美濃・元屋敷窯から出土した「丁」印入りの茶碗

内ヶ磯窯からは「丁」印と「于」印の両者が出土・伝世している（図93、94）。美濃・元屋敷窯や周辺の古窯跡からも「此水指　新兵衛　慶長十七年」という文字が刻まれた陶片や、「丁」印入りの陶片が複数出土している（図92）。備前他の古窯でも見つかっている。

古高取の伝世品の中で「丁（于）」印を探してみると、ある一口の茶入に行き当たる。肥後八代・松井家の伝来品で、現在松井文庫に所蔵されている（図93）。平成十七年（二〇〇五）、福岡市美術館で行なわれた「大名茶陶　高取焼展」に出品され、図録には底部の糸切とその脇に刻まれた「丁」印、また「左近殿より来　筑前焼之茶入」と記された共箱の写真も掲載されている。

『別所文書』によると、新兵衛は京三条の唐物屋で、瀬戸窯でも焼き、後に粟田口で焼いたとされる。師匠である佐々竹庵に土薬（釉薬）を伝授されたともいう。先に述べた如く、新兵衛は糸割符の貿易で財を成した屈指の豪商である。京三条にあった新兵衛の屋敷跡から大量の桃山茶陶が出土したことはすでに述べた。

ここで、草間直方の『茶器名物図彙』にある新兵衛のくだりを紹介したい。

図93　「丁」印が刻まれた古高取の茶入（松井文庫蔵）

図94　内ヶ磯窯跡から出土した「于」印陶片（九州歴史資料館提供）

新兵衛ハ代々駿府の在住旧家にて御用達之壱人なり（中略）駿府にて度々被召出、大権現様御用も相勤申せしもの也、天正時代之新兵衛はしめハ十蔵といひ中頃新兵衛と改名して福有之ものなり、松本宗珠之弟子にて時々泉州へ往来せり、……

新兵衛は、駿府以来の家康の御用商人だったのである。このくだりの後、直方は新兵衛が有来姓を名乗るようになったいきさつに触れている。それによると「大権現」すなわち家康から直々に「其方氏を有来と付ケ可申」として改姓を許され、その後中国から輸入される生糸を取り扱う特権的商人（糸割符商人）となって活躍したという。続いて以下のくだりにも注目したい。

天正慶長時代外国より種々貨物持渡り泉州堺、肥前長崎・唐津辺にて処々交易いたし候て（中略）糸割符といふ株ハ有来新兵衛よりはしめ候、此新兵衛死後二代目新兵衛といふもの正保慶安の頃より相願ひ在京せり、遠州公・石州公・松花堂等皆此時代にて茶友にて懇意なり、其頃遠州公はしめ諸侯方も手造之茶入・茶わん等所望被成候て、又自分にも慰に数多焼申候、（中略）今世に名高き山から・鉢たゝき・空也・侘助等之茶入ハ皆二代目新兵衛遠州公時代の茶入なり、初代ハ土厚にて赤黒く地土ハ破風竃の土に似たり、（中略）二代新兵衛ハ遠州公時代にて皆白土なり……

新兵衛が、糸割符の株を与えられた一番最初の商人であり、彼が長崎や唐津などで交易をしていた点は注目に値する。

なお彼には同じ名を襲いだ二代目がおり、初代は「土厚にて赤黒く」、二代は「遠州公時代にて皆白土」だったという。ただし土というものは実際には焼いてみないとどんな色に焼き上がるかはわからないもので、必ず試し焼きをしていたはずである。ちなみに冨岡大二氏は『古陶磁のみかたのコツ』の中で、窯印は陶工本人でなく発注者の印であるとした上で、二代目新兵衛の窯印は「イ」の字だったとしている。

なお吉兵衛は『別所文書』の中で、利休や織部、遠州が「先ず姿を第一に吟味」して目利きをしたと記している。織部好みの茶入の姿形は肩衝がその典型で、轆轤目が残る竹筒のような形かもしくは歪形だった。松井文庫所蔵の「丁」印茶入もやはり肩衝で、四方を歪めている。

この茶入には独特な土薬が掛けられている。これが、佐々竹庵が新兵衛に伝授した土薬なのかどうかは分からないが、その上には藁灰釉らしきものが掛け流されている。重ね掛かった釉薬は、窯に湿気が多かったために釉薬が縮んで網の目状になっている。

これまでも述べた通り、最も湿気が多いのは築窯後の初窯である。つまりこの「丁」印茶入も、「二」印の茶入同様初窯で焼かれた可能性が高いといえる。さすがに時代が経って落ち着いているが、当時は釉薬が縮んで現れた下地の部分がかなり荒々しい焼き上がりであったに違いない。斬新で、目を見張る窯変である。紛うかたなき珍品で、これだけ美しい釉薬の縮みは類例がない。ただし共箱に「左近殿より来」とあるので、織部が直接松井家に納めたものではないと思われる。

『茶道望月集』に以下のくだりがある。

織部殿の時分ハ口切前に三条通瀬戸物町へ織部殿好の焼物何によらす瀬戸より数多持参して有しを織部侘の弟子中を連行目利して茶入茶碗花入水さし香合等迄夫々に取らせ侘の弟子中ハ夫にて銘々口切をせしと也

織部の弟子中に、京三条「せとものや町」でこの茶入を求めた人物がいたのだろうか。側近といえる五男の古田左近かもしれないが、定かではない。いずれにしてもこの茶入は内ヶ磯窯で焼かれた織部好みの代表的な茶入で、この茶入を選んだ人物の眼力の高さが窺われる逸品である。

「○」印は〝耳付〟の宗伯

次に、古備前の目利歌で「○」印の陶工とされる宗伯について見てみたい。『別所文書』にある宗伯のくだりは以下のようなものである。

一、宗伯　元武州川越の人　近年京都に上り耳付茶入を焼く　茶入より茶碗多し　武州にては伯庵と云ふ
○後窯　聞ヶ猿

『茶器名物図彙』は以下のように記している。

是ハ利休瀬戸に類して一流を焼出したり、此作都て両耳ありて手をもちて　耳をふさく形チあるゆへ是を聞かさるといふ、間々此手になきもキカ猿に名誉あり、又花入茶わん等もありて上作なり

「聞ヶ猿」、「キカ猿」とある点は共通しており、宗伯は「耳をふさぐ（塞ぐ）形」の耳付茶入を得意としたのである。

耳付の意匠は「遠山手（とおやまで）」ともいわれるが、こうしたものをつくった陶工として紹介されているのは『別所文書』中、宗伯のみである。この手が出土するのは高取では内ヶ磯のみで、白旗山窯跡からは出土していない。内ヶ磯窯跡からは、「〇」の印が入った〝トチン〟も出土している（図95）。

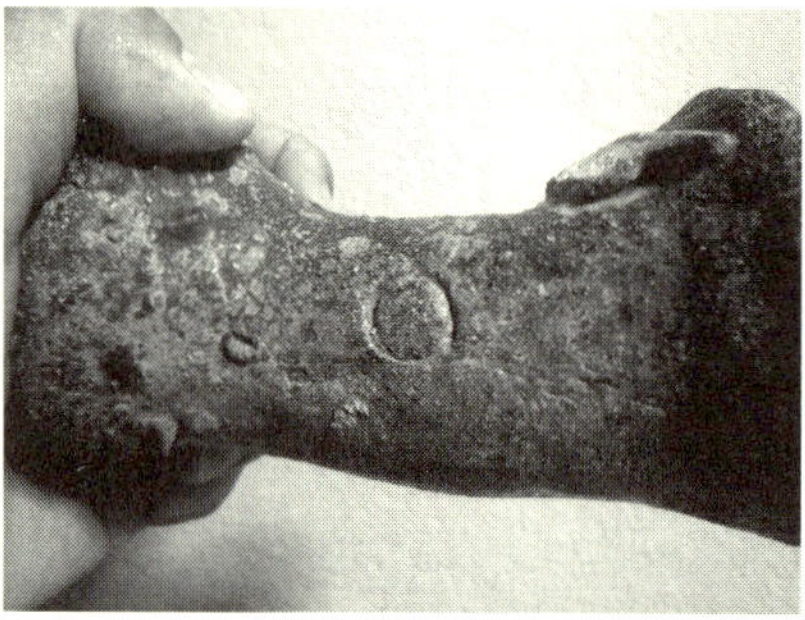
図95 「〇」印が刻まれた“トチン”(個人蔵)

ここで紹介したいのが、畠山記念館が所蔵する美しい窯変の備前水指（図96）である。藁を巻き付けた部分が緋色に変化していることから「緋襷」と呼ばれ、備前焼独特の意匠である。現在国重要文化財に指定されている優品で、底には「〇」の窯印が刻まれている。

「〇」印入りの備前焼の水指を、他にも二点拝見したことがある。やはりこの水指のようにふくよかな丸みがあり、同じ人物が制作したとしか考えられない作りであった。茶の湯を知らずには制作できない出来映えで、「一流を焼出したり」とされた宗伯にふさわしい逸品であろう。

「せとものや町」界隈の中之町遺跡からも「〇」印が入った耳付水指が出土したほか、内ヶ磯窯跡からもこれと同じ水指片が出土している。伝世品でも同形の水指を二点拝見している。底部に凸型の「○」印があってふくよかな作りである。

変ったものでは底部に「○」と「王」字の二種類の窯印が刻まれた飴釉の耳付水指が伝世している（図98）。沓形（図97）や丸形（図99）の茶碗も出土している。

最後に宗伯の出身地について述べておきたい。彼は「武州川越の人」、つまり現在の埼玉県川越市の出身である。江戸初期、川越藩は江戸の北の要衝として三河以来の譜代であった酒井家が治めた土地である。黒田家にとって宗伯は、将軍家の好みを知り得る職人としても重要な存在だったのではないだろうか。

図96　「○」印が刻まれた備前焼水指（畠山記念館蔵）

図97　内ヶ磯窯跡から出土した「○」印の沓形茶碗（九州歴史資料館提供）

図98　「王」印と「○」印が刻まれた双耳付水指（個人蔵）

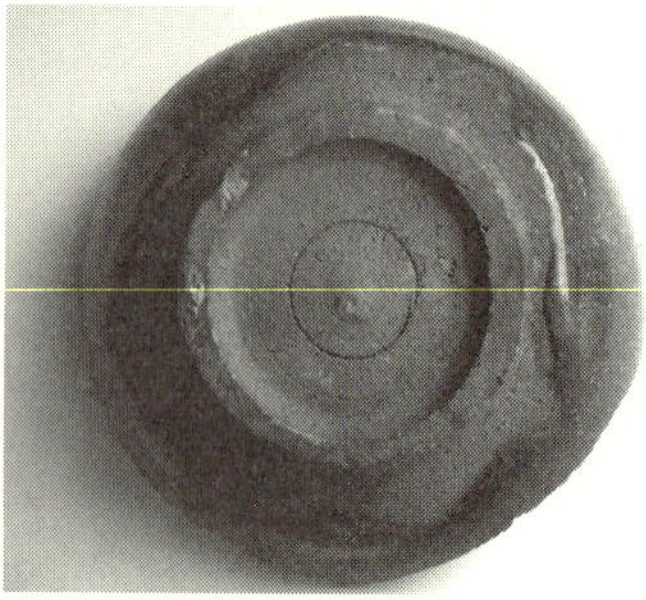

図99　「○」印が刻まれた茶碗（個人蔵）

京瀬戸の名工、光存

「織部六作」の中で、「江存」なる人物は唯一『別所文書』に記載されていない。そこで『原色茶道大辞典』をひもとくと、以下の記述がある。

「光存　こうぞん

利休時代の京都の陶工。姓は中田川、通称善兵衛。京瀬戸十作の一人。窯印には光の文字を松葉形に崩し用い『志野口透耳付花入』（滴翠美術館蔵）には首にQ字印を連ねて捺している。黒織部沓形茶碗のうち特に意匠の斬新なものにこの手の窯印を見ることができる。なお、瀬戸六作中に江存といい窯印も同じ人物がいる。別人、あるいは折松葉印を使用した加藤長十郎と混同したのではないかとする説などもある」

草間直方の『茶器名物図彙』には以下のように記されている。

江存、
是ハ洛外岡崎辺に住し侘之老僧にて名を宗意といふ、若年のときハへちくわん（貫）なと友なるよし、慰に茶入を作りしという　底に松葉なる形チ彫あるよし　未見

江存が若年のとき友であったという「へちくわん（貫）」はこの時代、奇行で知られ、唐津焼を好み後に薩摩に下ったとされる茶人である。

『原色茶道大辞典』では「光存」と「江存」が別人であるとする説について触れているが、いずれも松葉形の印を使用する陶工であった点で共通している。また文中にある「京瀬戸」という語について、同辞典では以下のように記している。

「天正から寛永の間（一五七三～一六四四）に正意・万右衛門・源十郎・宗伯・蔵右衛門・新兵衛・吉兵衛・道味・光存・茶臼屋・茶染屋・道祐・大平・宗意・長存などが製した茶器。瀬戸釉を用いて京都で焼いたのか、京都の人が瀬戸で焼いたのか判然としない」

すでに述べた通り、「瀬戸六作」は永禄六年（一五六三）に織田信長が選んだとされる名工であり、「織部六作」より前の時代である。

加藤宗右衛門（春永）／加藤長十／俊白（一説に宗伯）／新兵衛／
加藤市左衛門（春厚）／加藤茂右衛門（徳庵）

の六名で、書物により異同がある。「宗伯」と「新兵衛」、そして「（加藤）茂右衛門」の名は「織部六作」と重複しているが、同一人物であるかは即断できない。

一方、織部が信長に倣い天正十三年（一五八五）に選定したのが「瀬戸十作」である。

元蔵／丈八／友十／六兵衛／佐助／半七／
金九郎／治兵衛／八郎次／吉右衛門

の十名である。

さて、内ヶ磯窯跡からは光存の「光」字を崩したような引き書きのある船徳利片（図100）や、崩した「光」字を「大」に変化させたような窯印が出土し（図101）、合計十九例が報告されている。出土品の中では、後に詳述する「王」印の二十例に次ぐ数字である。

伝世品として伝わる「大」印の水指を見てみると、叩き板おこし成型*による薄形の意匠である。まことに円熟した作風といえる。

ちなみに松葉形の「光」字とともに彼の窯印として記された「Q」印は出土しないものの、志野焼の口透耳付花入や美濃・元屋敷窯跡から出土した黒織部の沓形茶碗など、各地の窯場で確認されていることを付け加えておきたい。

＊叩き板おこし成型……粘土を棒状にしたものを輪積みしたものを内側に中ゴテを入れ、外側から板で叩いて薄く伸ばす成型方法

図100　「光」と読める引き書きの印がある船徳利片

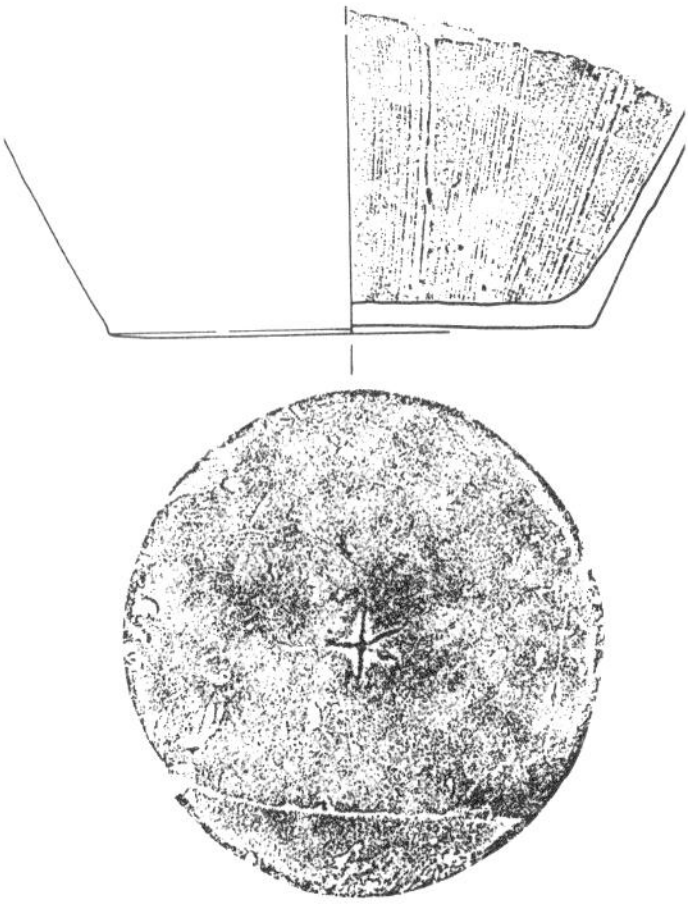

図101　内ヶ磯窯跡から出土した、「大」字が刻まれた鉢陶片（九州歴史資料館提供）

〝にせもの上手〟竹屋源十郎

『別所文書』に記された陶工は、作陶以外にもそれぞれが重要な役割を担っていたようである。わが国独自の〝総合芸術〟として発展した茶の湯の席には、茶入や茶碗だけでなく、例えば茶入から茶碗に抹茶を運ぶ茶杓、そこに湯を注ぐ柄杓、茶を立てるための茶筅といった竹製の道具が不可欠である。

「織部六作」の陶工・源十郎は、『別所文書』の中で以下のように記されている。

一、竹屋源十郎　茶の湯柄杓茶杓其外道具商、東六条に住す　小細工などよく仕り遠州御意に入　伏見両替町裏に窯を立て茶入を焼園焼と云ふ　土は信楽にて取り焼く
〇後窯　みなの川

「竹屋」を名乗った源十郎は「柄杓茶杓」などを扱う道具商であり、小細工をよくしたという。当然茶杓や茶筅づくりも達者だったに違いない。また「後窯（のちがま）」というのは「破風窯（はふ）」こと四世・瀬戸藤四郎以降の瀬戸茶入を指す分類用語（窯分（かまわけ））で、桃山から江戸期にかけての茶入を指す。

源十郎は「遠州御意に入」、すなわち遠州のお気に入りであった。遠州の住した伏見の両替町の裏に窯を築き、信楽の土を使って茶入を焼いたという。

肥前名護屋在陣の折、織部が竹の茶室をつくらせたのは有名だが、造作は当然織部の好みを知る職人が手がけたはずである。源十郎はその有力候補といえ、彼以外の職人や陶工が肥前名護屋に従っていたとしてもおかしくない（事実、名護屋城周辺の古窯跡からは様々な窯印をもった陶片が出土している）。

織部の研究者である国分義司氏は以下のように述べている。

「古田織部茶会の大きな特徴のひとつは、上記の人たちのような身分の高い参会者だけではなく、大工、塗師、かべや、竹屋、糸屋、茶屋、鳥売りなどの商人や職人も多数参加していることである」（「古田織部とオリベ陶」名古屋学芸大学　教養・学際編・研究紀要　第2号）

国分氏が参考にしたのは、今井宗久、神屋宗湛、松屋久好らが著した茶会記録である。ここに見る職人や商人達は、織部の茶の湯を演出するためには欠かせないメンバーであった。「竹屋」の源十郎がその一人であったとしても何ら不思議はない。

また当時は茶葉を茶臼に入れ、その場ですり下ろしていたようで、古絵図にもそのような光景が描かれている。『別所文書』に登場する「茶臼屋小兵衛」は、おそらくそのような仕事を請け負っていた陶工であろう。『別所文書』からは、こうした時代背景が実に臨場感をもって伝わってくる。

『茶器名物図彙』には以下のような記述がある。

源十郎　是ハにせもの上手にて名高く、唐物類、春慶を能造れり、又器用にて一流ありて誉れをとれり、下露・繧・有明・白露之名器あり

「にせもの」というのは現代でいう「偽物」、つまりフェイク品ということではなく、唐物や古瀬戸を本歌（手本）とした写しをつくったという意味で、美に対する価値観が現代と異なっている点に注意せねばならない。

源十郎が「唐物写し」の名手として名高く、器用であったことは確かなようである。さらに『大成陶誌』には「源十郎焼」という項目があり、

源十郎　竹屋茶器斎、東六条に住す、宗甫に出入す、伏見両替町に窯を築き国焼と云う、信楽土を用ふ

と記されている。文中の「宗甫」は小堀遠州の号である。

最後に、『原色茶道大辞典』の「源十郎」の項から引用しておきたい。

「天正から元禄（一五七三〜一七〇四）にかけて数人の源十郎を名乗る名工がいた。①後窯の茶入作者源十郎　②美濃国、大萱窯開祖の加藤源十郎　③飛騨国大野郡江名子（岐阜県高山市江名子町）の源十郎」

おそらく「織部六作」の源十郎は①であろうが、一説では②と同一人物であるという風にもいわれている。

薄作りの水指

『茶器名物図彙』に以下のくだりがある。

> 水さし等ハ利休時代と見ゆ、皆上細工にて瀬戸窯ものよりハ作薄し　格別景之ある出来ハ稀なれとも元来ハ器用なる焼なり

水指などは利休時代に見られるようになったもので、皆上等の作りで瀬戸窯ものより薄手である。特別な景色のものは少ないが、元々器用さを要するものだ——といった主旨である。

この記述は、内ヶ磯窯の水指と的確に符合するものである。内ヶ磯窯の水指は細工が見事で薄作りのものが多いのである（重く厚手の作も見られるが、「二」印のものなどに多い）。それぞれの手ぐせからは、陶工の個性、技量を窯印ごとに特徴づけて見て取ることができる。

ここで、源十郎について記した『別所文書』のくだり、「土は信楽にて取り焼く」という一節に注目したい。

かつて筆者は内ヶ磯窯を中心にした一里半（半径約六キロ）内の七十六ヶ所の異なる地点で、百五十層以上の原土を採取し、成型・焼成を試みたことがある。内ヶ磯窯跡周辺の原土には粘りのあるものも少なくはないが、成型後縦方向に裂けやすい性質のものが多い。叩き成型に向いたきめ細かな土で、石炭層の下層などのアルカリ分の高い、口に含むと酸っぱい味のするものにこの現象が見られる。これは内ヶ磯窯周辺に限らず、唐津を含めた北部九州一帯の原土にいえる特徴で、たとえ成型がうまくいっても乾燥の段階で横切れを起こすものが少なくないのである。

この欠点を解消するために、昔から行なわれていた塩や糠を加えるなどの様々な試みを行なってみたのだが、中でも特に有効なのが、信楽の土をあわせるというものだった。これによって飴釉の、発色も明るい薄柿色を求められることも分かった。

こうした実験の後で特に注目したのが、卵の殻のように薄く、また驚くほど軽く成型された伝世品の耳付水指である（図102）。これは現代の高取焼に最も通じる作りである。白い象牙のような土をチューブ状のものから絞り出したり、刷毛で塗りつけたりして見所としている。この化粧土は内ヶ磯窯周辺では見かけないものである。また水指内側の青海波文様の美しさも見逃せない点である。〝内ゴテ〟としている木の年輪が輪状の文様をつくりあげたもので、極上の器用な腕の持ち主だったことを証明している。

なお内ヶ磯窯製の薄手の水指には信楽土を単味で使用したと考えられるものから、内ヶ磯窯周辺の土を配合したと思われるものまで様々なものがある。ただし全て窯印がない。

図102　薄作りの飴釉水指（個人蔵）

精巧で薄手の作りは遠州好みと呼ぶに相応しい出来映えであり、内ヶ磯窯後期につくられたものと考えるのが妥当である。各史料の記述から判断して、源十郎の手によるものとするのが妥当であろう。

源十郎作と思しき水指の多くは、「重ね餅」とも呼ばれる二段の瓢箪形である（図103上）。この瓢箪形については「黒田忠之判物写」（四九七）に忠之が制作を指示した記録が残されており、遠州時代の作であることは明らかといえよう。

なお高取焼の開祖・八蔵父子が伏見の小堀遠州のもとに上って指導を受けたことは『筑前国続風土記』等の史料ですでに知られているところである。この時八蔵らの指導にあたったのが、遠州のお気に入りでかつ伏見の遠州屋敷のそばに窯を持っていた、この源十郎だったのではないだろうか。

茶法は季節で変わるため、八蔵らが指導を受けた期間は少なくとも四季が一巡するまで、つまり一年以上だったはずである。京焼の名工・野々村仁清（にんせい）ですら「茶入の法だけは竹屋源十郎より伝授した」という説があるという（『原色茶道大辞典』）。轆轤の名手であっても、約束事の

図103　薄作りの飴釉瓢箪形水指(上)と、当時流行した「ツクリカケ」の高台をもつ飴釉手付鉢(ともに個人蔵)

多い茶入の制作は容易ではなかったのである。何より白旗山窯製の茶入が内ヶ磯窯のものより薄作りである点が、八蔵父子の師匠が並々ならぬ名手だったことを証明している。ちなみに文中の野々村仁清は『別所文書』にもその名を残す茶人・金森宗和の指導も受けており、やはり信楽土を好んで使用していた。

様々な意匠の釜

内ヶ磯窯で焼かれたと考えられる二点の水指がある（図104上）。共箱には「釜形水指」と記されており、いずれも黒漆の蓋が添えられている。

内ヶ磯窯跡からの出土品はおおむね窯周辺の陶土で成型されたものが多いが、伝世品の中には信楽土が配合されたと考えられる釉調・胎土質のものがあり、様々な陶土での制作が試みられていたことがわかる。

現在茶の湯に使用されている釜はほとんどが鋳鉄製である。土製の釜もあるが厨房用に限られている。『原色茶道大辞典』には四十三種類の釜の形が紹介されているが、内ヶ磯窯から出土したものはそのうちの「真形（しんなり）釜」、「富士釜」、「鰐口（わにぐち）釜」といったものに近い。

図104　内ヶ磯窯製と思われる伝世品の釜形水指(上)と釜形水指の出土片(ともに個人蔵)

これまで六点の伝世品を見たが、いずれも富士釜といえる薄作りで、胴ばりは波打ち状や車輪状である。どれも少しずつ装飾文様や形を変えている。同じ手ぐせであることからすると、おそらく同一人物の作である。器用な手を持ち、かつ実際に釜を扱ったことのある職人でないとこれだけ様々な発想はできないものである。ただ器用であればいいというものでもなく、同様の釜をいくつもつくった経験がなければならない。

『別所文書』にあるとおり、源十郎は道具商でもあった。鋳鉄製の釜を扱った経験は誰よりも豊富だっただろう。「小細工なとよく仕り」とあるように器用でもあった。なお京三条「せとものや町」界隈には、鎌倉時代末期から釜の製造を専らにした鋳物師（いもじ）の〝座〟が置かれていたという。

なお内ヶ磯窯の出土品や伝世品の釜形水指には、〝窯糞〟が付着しているものがある。これまでも述べたとおり、この現象が最も激しいのは築窯後の初窯である。源十郎は、後期だけでなく、初窯の折にもこの地を訪れていたのではないだろうか。

ただし、窯糞がいつどのように降り落ちるかは予測できないものである。一品ではなく、多くのものを観察して判断しなければ大変に危険であることも事実である。

「唐物」上手の万右衛門

ここで「織部六作」からいったん離れ、「万右衛門」なる陶工について述べたい。一部くり返しになるが、『別所文書』は彼のことを以下のように記している。

一、万右衛門唐物同前なり併て今の造者何れも同じ也、後世に上手名人が出来る事を持つも

の也（中略）

一、万右衛門洛北御菩薩池主唐物を写す

〇後窯　落穂手

また『名物目利聞書』では、

萬右衛門　京の人と見えたり、上作にて唐物を似せて名を世にくだせり、世上半分は萬右衛門作の唐物なるべし

万右衛門は「世上半分は萬右衛門作の唐物なるべし」と記されるほど、唐物茶入の写しを数多く手がけていた。草間直方も、『茶器名物図彙』の中で万右衛門に触れている。引用が続くが、紙幅をとることを許していただきたい。

万右衛門といふハ京都柳馬場三条下ル町に住し器用なるものにて、唐物類をよく似せ、又古瀬戸・春慶類をよくす、落穂といふ茶入ハ右春慶作にて其頃迄世にかくれ名のミ聞て人不知、明暦之江戸大火に焼失す、其已前永井信濃守(尚政)殿家来坂(佐川)和田喜六といふ人或方にてふと求メ出し、真之落穂と思ひ遠州公へ持せ遣し目利を頼れしに、万右衛門作之茶入にて、至て出来もよく面白き茶入なりとて、古歌を以て賞美し、ふとひろひ得たる茶入なりとて

則落穂と号けらる、根本の落穂ハ手も別なりと或古書にあり（中略）元来之落穂ハ春慶なるを万右衛門模写せしより此手を皆落穂手といふ（中略）今春慶と称ス茶入ハ万右衛門之作多しと古書にいえり、二代新兵衛此万右衛門同時代なり

万右衛門が唐物や古瀬戸、春慶など写した茶入の名手で、「落穂」と呼ばれる本歌の茶入は本来春慶、すなわち鎌倉期の陶祖・加藤藤四郎景正の作であったにも関わらず、万右衛門作のものが遠州によって評価され、その後「落穂手」として世評を得た経緯が記されている。草間直方は万右衛門が「京都柳馬場三条下ル町」に住んでいたといっている。これは『延紙ノ書』の内容と重なる。また有来新兵衛（二代目）と同時代としている点も見逃せない。

高取の名物茶入「秋の夜」は、千もの中から選んだほどの極上の作りである。仮にそれほどの数の茶入が実際に焼かれたとすれば、陶工も一人や二人では済まなかったろう。ちなみに古高取の伝世品には「唐物切（ぎり）」と呼ばれる左回転の糸切底のものが多く、その中には万右衛門が得意とした唐物写しの茶入も伝世している。

高取に下った茂右衛門

「織部六作」の最後の一人で、金森宗和の好みのものを焼くため高取の窯場に下った吉兵衛の

図105　「古からつくりくりの絵」と記された茶碗
（出光美術館蔵）

従弟・茂右衛門について記したい。

京焼の名工・野々村仁清の師でもあった金森宗和は飛騨高山城主・金森可重（よししげ）の子で、内ヶ磯窯開窯の慶長十九年（一六一四）、父の怒りに触れて勘当され、母を伴って京都に隠棲、大徳寺の紹印（しょういん）和尚に参禅して剃髪した。元の名は重近といった。

父金森可重は秀吉に仕え、従五位下出雲守に任ぜられた人物である。可重の父、つまり宗和の祖父の金森長近も茶の湯に造詣が深く、信長、秀吉に仕えて飛騨高山城主となった。関ヶ原の戦では息子・可重とともに家康の東軍についた。

管見において宗和の好みの茶器を探してみると、宗和筆の「古からつくりくりの絵」の箱書きをもつ一口の茶碗（図105）にたどり着く。

この渦巻き文様と同手の文様をもつ陶片は、内ヶ磯窯跡と肥前・小山路（おやまじ）窯跡から出土して

図106　内ヶ磯窯跡出土の絵付茶碗片（個人蔵）

いる（図106）。この茶碗と内ヶ磯窯跡からの出土片、そして小山路窯跡の出土片を比較すると、胎土、釉調、ぐりぐりの文様を描いた絵具、焼け色のすべてが内ヶ磯窯のほうと一致する。

　内ヶ磯窯の伝世品は、「古唐津」や「朝鮮唐津」と記した共箱を伴う例が少なくない（図107）。これは当時、瀬戸と美濃は「瀬戸もの」、山口・九州のものは一括りにして「唐津もの」と大別されていたためと推測される。いずれにしてもこの茶碗の窯籍が内ヶ磯窯であるのは確実だろう。

　茂右衛門が「十」印の陶工であることは、備前の目利歌を始めかなり広い範囲（陶工、茶人、茶道具商、骨董商など）で伝承として伝わってきた。

『大成陶誌』には次のような記述がある。

　茂右衛門窯印十。茂右衛門に兄あり弥之助といふ。此人大窯の作者なり、黄釉等を模す、
弟茂右衛門を瀬戸に遣わして茶入を焼かしむ

図107　「鷹取耳付水差」「内ヶ磯窯」の箱書をもつ珍しい水指。内ヶ磯窯跡からも同手の陶片が出土する。「朝鮮唐津」として、とある筑豊の勢家に伝世してきた。内箱は江戸前期の作で、遠州時代のものと作りが異なる。その箱書は享保以降のものと見られるが、意図的に剥がされた形跡がある（個人蔵）

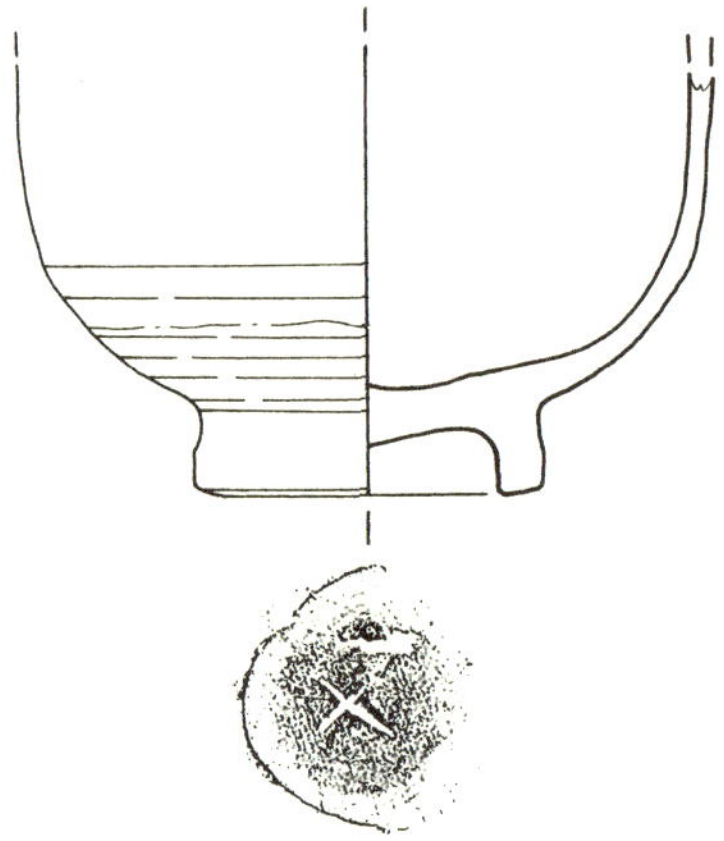

図108　「十」印が刻まれた茶碗の実測図（九州歴史資料館提供）

茂右衛門の「十」または「十」を回転した「×」印は京三条「せとものや町」界隈の下白山町遺跡から出土し、かなりまとまった量、かつ信楽、備前、伊賀など窯籍の異なるものが確認されている。茶碗や〝トチン〟を始め、内ヶ磯窯跡からの出土例もある（図108）。この下白山町遺跡は、おそらく茂右衛門に近い人物にまつわる場所であろう。

また「茂右衛門に兄あり弥之助といふ」とのくだりに注目したい。茂右衛門には従兄の別所吉兵衛以外に、「大窯の作者」、つまり築窯を手がけた兄がおり、彼はこの弥之助に遣わされて瀬戸で茶入を焼いていたというのである。

窯業に限らず、当時の職人は先代までの仕事を受け継いでいくのが一般的だった。茂右衛門や吉兵衛らの先祖も、茶陶を焼き歩いていた陶工だったはずである。

「是（これ）今の名人」弥之助

茂右衛門の兄で弥之助なる陶工は、実に気になる人物である。『別所文書』にはこの弥之助について刮目すべき記述がある。

弥之助　是今の名人也　天性と窯の内より古びを焼き出す　黄薬などを写し是を大窯と云ふ

弥之助とは一体どんな人物だったのだろうか。

内ヶ磯窯で焼かれた上作の伝世品には、金色に近い黄色の星状の窯変例（図109）が複数確認されている。これは『大成陶誌』や『別所文書』の「黄釉」、「黄薬」のくだりに合致する。

『大成陶誌』がいう「大窯の作者」、すなわち大型の登窯の築窯技術を持つ弥之助がもし内ヶ磯窯に関わっていたとすると、「せとものや町」系の陶工集団が、窯の築窯段階から関わっていたことがいよいよ動かし難くなる。

いずれにせよ別所吉兵衛ほどの手練が「是今の名人」と記し、「天性と窯の内より古びを焼き出す」としているのは、誠に重大な記述といわざるを得ない。この時代に「古色」のある焼きものが飛躍的に増える理由

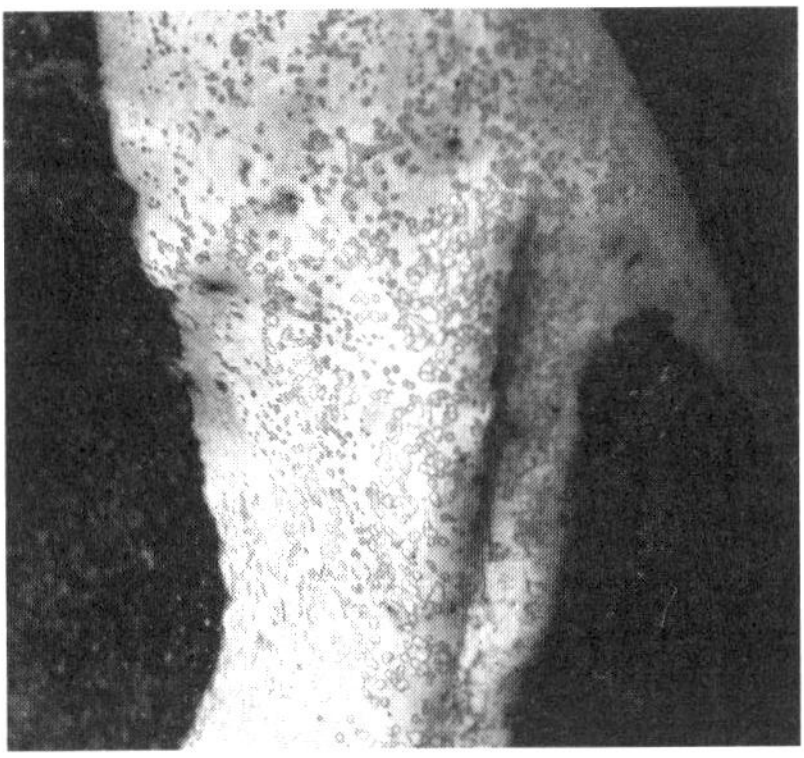

図109　黄金色の星状の窯変が見える内ヶ磯窯の伝世品の水指（個人蔵）

を解く鍵を、この弥之助が握っているかも知れないからである。

窯焚きは持って生まれたセンスが重要である。だが同時に経験がものをいう仕事であり、窯の大小に限らず、焼成と焚き止めを指揮するのは〝窯大将〟ただ一人である。その人物の眼力がすべての運命を握ってしまうといっても過言ではないのである。

内ヶ磯窯の焼成は伊賀、備前と共通する〝灰かぶり〟の茶陶を焼き上げる窯詰めと薪の投入方法で成立している。相当の腕を持った窯焚き職人が窯の設計段階から関わり、焼成にも立ち会っていたと考えるのが自然なのである。

誰がつくったものでも、粘土で器をつくり窯に入れて焼けば一応焼きものになる。だが窯の築造と焼成は誰にでもできるものではない。ましてそれまでに見られないようなタイプの、奥行きの深い連房登窯で、かつ巨大なものとなれば、より高度な知識と経験が要求される。内ヶ磯窯の築窯に当代随一の名工が関わったのは当然である。

さてこの弥之助について、実は、

伊賀焼　古色ある　印のないのが弥之助の印

弥之助は窯焚きの名人

という口伝がある。これも今はなき銀座の茶舗「池田園」の主人と茶花の宗匠・加藤淡齋先生が話しておられたものである。だが当時はまだ桃山茶陶の謎についての問題意識が浅く、そのまま記憶の片隅に眠っていたのである。

この時代をリードしていた茶頭・織部が古色のあるものを好んでいたことは、織部好みの茶陶を見れば一目瞭然である。『織部百ヶ条』も「古織時分では数寄さびたるを本意と被致候」と記している。草間直方もまた、織部の時代には「茶入茶わん陶器之類も古手に仕立るやうになれり」としている。

その好みが一番分かりやすいのが、「織部好みの申し子」といわれる伊賀焼である。織部が依頼主の大野主馬に断りの書状を付けて渡した伊賀焼の水指「破袋」や前田家伝来の花入「からたち」などは、まさに弥之助の伝承にふさわしい古色ある茶陶である。

備前焼の二代目・藤原楽山師は、「桃山時代の備前焼の火加減を見ていたのは京の渡り陶工で、茶席を十分心得、窯の中で起こる自然現象を知りつくした天才だ」と明言された。『名器録』を著したとされる別所吉兵衛ほどの人物が、古色のあるものや二次的な黄金色の窯変を焼き出す天才と賞した陶工・弥之助は、他の陶工達とは別格の力量を備えた人物だったはずである。この時代の備前に黄金色の美しい星状の窯変が数多く見られることにも納得がいく。

第六章

窯大将・弥之助と「織部高取」

伊部の大窯と内ヶ磯窯

昔、窯焚きの燃料になる薪は大変貴重なもので、山主や為政者の許しがなければ勝手に伐採することはできなかった。その点、秀吉が備前の陶工に与えた「竹木御免」の特権は画期的なものだった。

この時代の備前焼に現れる黄金色の星状の窯変は、備前焼を保護した秀吉にとってさぞ満足のいく意匠であったろう。なお豊臣期の備前国主は秀吉の猶子（ゆうし）・宇喜多秀家である。

ここで注目したいのが、豊臣期に築かれた伊部南大窯群の一基である。この窯には、秀吉によって開窯後間もなく破却されたという説がある。三基ある南大窯跡の東側に隣接し、平成十二年（二〇〇〇）、備前市教育委員会による発掘調査が行われている。勾配約十八度、全長五〇メートル、最大幅四メートルの雄大な単室窯である。

この古窯群が発生した時代背景について、備前焼の研究者・桂又三郎氏は以下のように述べている。

「熊山窯の備前焼誕生につぐ、いわば備前焼の第二の革命期とでもいえよう。この頃職人や商工業者が同一地域内での同業者の共存共栄をはかり、組合を組織することが全国的に流行した。これを座とか株と呼ぶ」

この時代の陶工達が組織立って窯業を行なっていたことは明らかである。「せとものや町」界隈で瀬戸・美濃系の陶工が活躍するころには、こうした座や株がさらに定着していたであろう。

この窯の設計、施工の基本となる勾配、規模は、内ヶ磯窯と非常に似通っている。異なるのは、伊部の大窯が「単室」で、窯の焚口から窯尻に掛けて中心軸が据えられ、天井を支える中柱が立つ構造なのに対して、内ヶ磯窯が中柱に代わり焚口から窯尻までを十五室に壁で区切った「連房」の窯である点である。要するに単室か連房室かの違いぐらいなのである。窯焚きの無事を祈る祭祀の遺構が、窯の焚口に向かって右手前に位置する点も共通している。

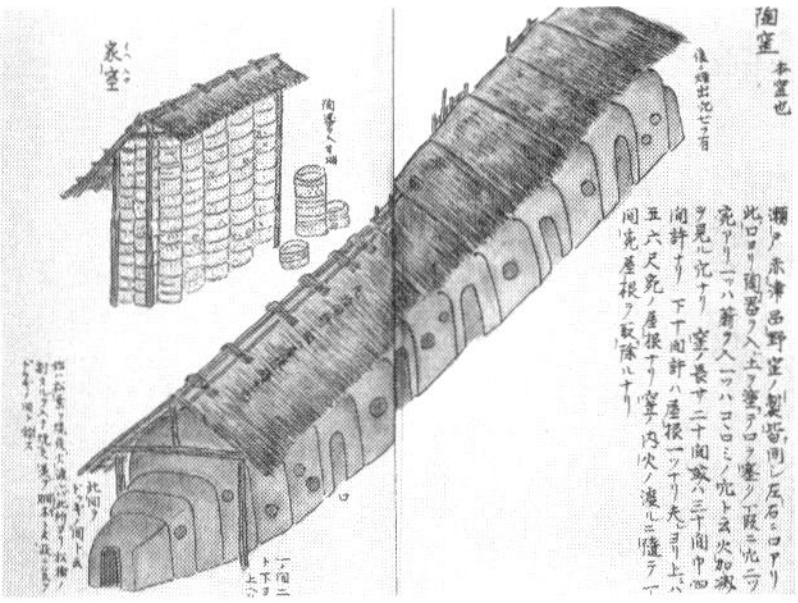

図110　江戸時代の登窯

内ヶ磯窯は、施釉陶器の茶陶に〝灰かぶり〟の古色を焼き出すという明確な意図をもって築造された窯である。すなわち、同じ連房窯でも、焼成効率重視の奥行きの浅い窯とは異なり、わざわざ窯室の奥行きを深くして、焼成時間が長くなるように設計された窯なのである。焼成効率だけを重視した一般的な窯であれば、できるだけ窯室の奥行きを浅くする。そのため専門家の中には、内ヶ磯窯は設計ミスの窯であると考える方も少なくない。

織部最晩期に築かれた内ヶ磯窯は、誰も思いつかないような発想によって驚くべき窯変を生み出した稀有の例である。いつの時代も、技術革新というものは現場で汗を流した一握りの天才が生み出し、かつ秀でた発想は数知れない失敗の中から飛び出すものである。内ヶ磯窯は、陶工たちの長年の経験によって編み出された技術の集大成というべき窯なのである。

この二基の大窯の作者は、おそらく別所吉兵衛が「天性と窯の内より古びを焼き出す　黄薬などを写し是を大窯と云ふ」と賞した弥之助だろう。

技術も文化も、源流の無いところから湧き出すことはない。弥之助は「織部六作」の陶工と同様、桃山という時代に要請されて誕生したスーパーエンジニアだったのである。

当時最新最大を誇った内ヶ磯窯が、日本における窯づくりの進化の過程を解く鍵を握る窯であることは確かである。

黄金色の窯変と「王」印

灰かぶりが見所の伊賀、備前古窯と内ヶ磯窯の焼成にはあまりにも共通点が多すぎる。後にも述べるが、内ヶ磯窯では、無難に焼きあがる場所に日用雑器を詰め、常識では使わない場所にあえて窯詰めすることによって奇跡的な窯変を生み出すことに成功している。まさに名工の技という他ない。

黄金色の窯変が美しい手付鉢（56ページ、図26）も、おそらく弥之助によって焼き出された貴重な初窯の伝世品である。

これ以外にも、内ヶ磯窯で焼かれた伝世品の優れたものにこの特徴的な窯変が見られ、多くは上野や萩を代表する名品として伝世してきたものである。

図111　耳付四方水指　銘「若葉雨」（田中丸コレクション蔵）

川喜田半泥子（はんでいし）翁が「若葉雨」と命名した慈愛の水指がその典型である（図111）。斑釉の上に緑釉（りょくゆう）が飛ばし掛けられ、やはり黄金色の窯変が確認できる。近年、上野から内ヶ磯窯に窯籍を移している。

従来古唐津とされてきた逸品で、加藤唐九郎翁が絶讃した沓形茶碗にも黄金色の窯変が見える（図112）。ちなみにこの茶碗は高台内に「王」の窯印が刻まれている。いずれ劣らぬ古高取の傑作である。

この二点の伝世品が、桃山茶陶に深く魅せられ、伊賀上野城内の伝説の窯跡出土品を一緒に確認した半泥子翁と唐九郎翁の慈

図112　掛分釉割高台沓形茶碗。割高台の内側に「王」印が刻まれている
（唐九郎記念館〈翠松園陶芸記念館〉蔵）

愛品であったことは、いかに内ヶ磯窯の茶陶が優れているかを物語っている。

焼きものの生産の根幹は「焼き」、すなわち窯焚きと窯である。この時代、大窯の作者として記された名人は、管見による限り弥之助以外見当たらない。内ヶ磯窯ほど難易度の高い窯の焼成を担った窯大将として、弥之助以上にふさわしい人物は見当たらないのである。

内ヶ磯窯の窯大将

焼きものは「一、焼き、二、土　三、細工」といわれる。だが、結局一番難しいのは「焼き」である。特に大窯の場合、窯内をむらなく上手に焚き上げないと、良質なものを得ることができない。その最後の仕上げが焚き止めである。窯の大小を問わず、製品の良否を左右する決定的な仕事といって良い。この焚き止めの指示を出す人物こそが、〝窯大将〟と呼ばれる陶工である。

大窯の窯大将は土づくり、釉薬づくり、成型、作品の種類、数量そして窯詰め、窯焚きといったすべての工程を総合的に把握し管理を行う。いずれか一つでも欠ければ品質の良い焼きものの大量生産は望めない。つまり窯大将がどのような人物であったかによって、その窯の良否と未来が決まってしまうといっても過言ではないのである。

内ヶ磯窯の構造、成型、釉薬といったすべての要素は〝和風〟であった。焼成の軸が、特に難しい〝灰かぶり〟であった点からしても、内ヶ磯窯の窯大将は、茶陶を熟知し、「名人」と

図113　内ヶ磯窯跡から出土した大量の玉縁三角碗。様々な胎土・釉調が確認できる（個人蔵）

いわれるほどの築窯師だった弥之助こそが最も相応しいのである。

だが、多くの経験を持つ窯大将の弥之助にとっても、初窯は難儀な仕事だったであろう。

内ヶ磯窯跡から出土した大量の玉縁三角碗がある（図113）。この茶碗群には、場所を厳選し、様々な釉薬を様々な形や方法で掛けて焼かれた痕跡がある。おそらく、初窯という未知の条件の下でどのような現象が出現するかを判断するために、あえてこのような特異な形に成型し、三方向から焼け具合を確認したのである。それ故、窯場に大量に残され、かつ古層である底層部から出土したのであろう。

かつて、信楽土と備前の土で制作した徳利を、備前の「楽山窯」で焼かせてもらったことがある。焼きあがってみると、備前土のものはもちろん備前焼だが、信楽土のものは、備前の窯で焼いたにもかかわらず信楽焼に見えた（図114）。同じように、信楽の窯で焼いても備前の土のものは備前焼に見えてしまう。

図114　筆者がかつて備前の楽山窯で試作・焼成した徳利。左は備前の土、右は信楽の土

「土」は、「焼き」の次に重要なものである。どの地域で焼かれても、その土の産地がどこであるかは、かなり的確にわかるものである。

内ヶ磯窯の出土品が見せる技のすごさは、陶土と釉薬の相性までも的確に捉え、素材に施釉し、灰が降りかかる位置での降りかかり方や質までも考慮して窯詰めし、変化に富んだ窯変を焼き上げるという極めて難しい技を、さりげなく行なっているところにある。その結果、見る者が違和感を覚えず、かえってそのすごさを見過ごしてしまうのである。

出土した陶片の中には、各地の土を持ち込んで実験するかのように焼かれたような痕跡がある。数寄者の要望によって、他の産地の土を持ち込んで焼いていたのであろう。「織部六作」の源十郎には、信楽の土を取り寄せ、伏見で焼いていたという記述がある。

「桃山陶制作の真髄は明かされていない。大変だが挑戦する価値はある。いずれにしても現場に足を運ばないとだめで、机の上では絶対解き明かせない」とご教授下さったのは、他でもない楽山師であった。ちなみに楽山師は生前各地に出向いて作陶し、その傍らで土探しもされており、楽山師の手の中からわき出るように生まれた抹茶碗の姿形、そして轆轤の軌道は、内ヶ磯窯のものと驚くほどよく似ていた。

茶陶の〝痕跡〟と窯籍

各地の窯場に出向き、数多くの名品茶陶を生み出したのは、「織部六作」や弥之助のような桃山期の〝渡り陶工〟であった。

だが内ヶ磯窯の茶陶には彼らの窯印がないものも多く、つくり手の同定が難しい原因の一つとなっている。前述したように、内ヶ磯窯の終煙期には、何らかの理由で製品本体に印を入れられないような事態が発生していた。秀吉が好んだ瓢箪の透かし彫りのある片口鉢（93ページ、図59）のようなものには、豊臣家凋落後という時代的制約があったかもしれない。

つくり手や〝窯籍〟を同定する際に重要な要素としては、窯印以外にも、成型方法の手順、成型時の癖、轆轤の軌跡などが挙げられる。茶碗ならば腰の作り、全体と各部分のバランス、高台の削り方といった点についての分析も重要になってくる。成型時に使用するヘラなどの道具の使い方や文様など、名人上手でなくともその出来映えは一人一人異なってくる。こうした痕跡を仔細に分析することによって、作者の名前まで分からなくとも、同一人物の作であるということまでは特定できるのである。

出土品と伝世品を一緒に混ぜて並べると、焚口に近い所で焼かれたもの、一番焚き口から遠い場所で焼かれたもの、という配置の違いがわかる。次に窯を正面から見て右側に詰められたものか左側に詰められたものかが整理できる。また窯の天井に近いところで焼かれていたものか、床面に近いところで焼かれていたものかを腑分けし、窯道具まで入れ込んでみると、窯詰めの配置図がかなり具体的に再現できる。すると必然的に、内ヶ磯の窯詰めをしていた人物が、高度な灰かぶりの窯変を予測する能力をもった、天才的な職人だったことが導き出されてくるのである。

仮に内ヶ磯窯製品の中に別の窯で焼かれたものを混ぜて並べてみた場合、当然その肌合いや焼成は異質であるから、この段階で内ヶ磯窯製でないものをはじき出すことができる。焼き物は昔から「一、焼き、二、土、三、細工」なのであって、この三要素が揃ってこそ同定が可能なのである。

例えば高取の名品といわれる耳付茶入「染川」、「秋の夜」を白旗山窯の出土品の中に置いてみても、どこか馴染まない。逆に内ヶ磯窯の、灰がよく降りかかる位置で焼かれたものと並べると、いかにも相応しい焼成肌合いなのである。

一方、かつて内ヶ磯窯跡の半径六キロの七十八ヶ所、計百十五層に及ぶ地層から原土を採取して焼成実験を試みた際、高取茶入の中でも最高峰とされる「横嶽」とほぼ同じ色調と質感に焼きあがる原土を見つけた。この原土はきめの細かい白土で、よく焼き締まるとねっとりとした肌合いの、やや紫蘇色がかった褐色を示す。この土を使用した例は、その手癖から、左利きの陶工と「〇」印の陶工によるものに分類できる。この原土を使った花入（図115）は、当時と

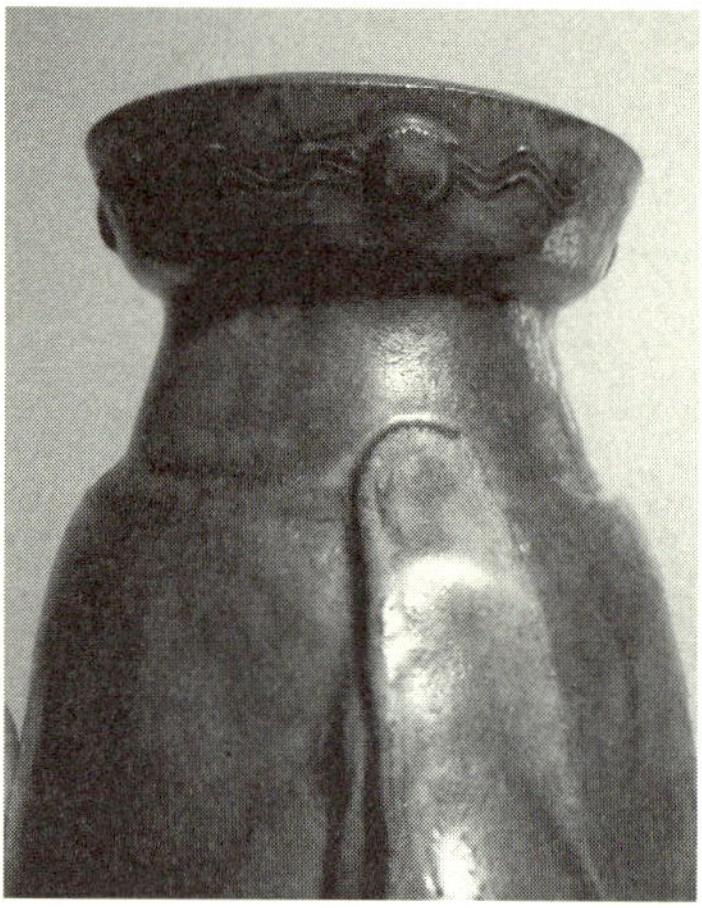

図115　内ヶ磯窯周辺の土で焼かれた、首に穴のない耳付花入（個人蔵）

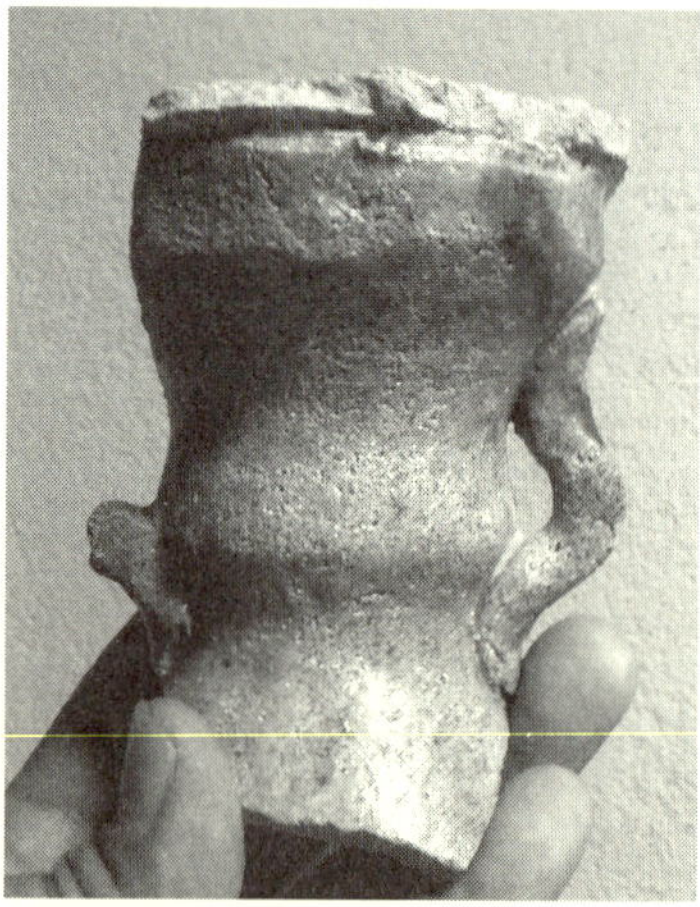

図116　内ヶ磯窯跡から出土した、首に穴のない耳付花入の陶片（個人蔵）

しては珍しく、首に二ヶ所の穴が開けられていない。つまり〝掛け花入〟ではないことがわかる。穴のない花入は、出土例もある（図116）。

なお、紫蘇色がかった褐色の花入に限って以下のような焼成方法がとられている。通常、焼成中に釉薬が流れて床面にくっついてしまうところ、腰より下にわざわざ墨と砂を投入してその部分の温度を下げ、釉薬が流れ落ちないように焼き上げられているのである。この方法をとると床面への釉薬の流下を防ぐことができ、かつ古めかしい雰囲気を演出してくれる。「窯の内より古びを焼き出す」名人・弥之助の真骨頂といえる技術である。

「瀬戸六作」の名工・加藤宗右衛門

桃山茶陶を焼き出した「せとものや町」系の渡り陶工は、「元江州の産」の記録がある別所吉兵衛を始め、瀬戸や美濃に多い加藤姓の一族と関係する者が多かったであろう。

今焼としての桃山茶陶の歴史は十六世紀後半、瀬戸から美濃地方に多くの陶工たちが移動したことに端を発している。

信長は永禄六年（一五六三）、瀬戸の陶工たちから選りすぐりの六人、いわゆる「瀬戸六作」を選び、窯印を与えた。この中の「新兵衛」と「加藤茂右衛門」の二人の陶工は「織部六作」の新兵衛、そして茂右衛門と同一人物かもしれない。いずれにせよ茂右衛門は吉兵衛の「従弟」だったから、少なくとも吉兵衛と茂右衛門、弥之助は血縁だったのである。

一方、「瀬戸六作」中の加藤宗右衛門という陶工について、佐々木三味氏は彼の窯印を「7」印だったと記している（『茶器とその扱い』）。この窯印は「L」字、もしくは「逆L」字として紹介されることもある。「7」を反転させると「L」様の印となることはすぐにわかる。これまで、備前や信楽等で確認されている。

唐津・甕屋の谷窯（神谷窯）跡と焼山窯跡から出土した唐津足付筋水指にも「7」の印がある。同じタイプの水指は唐津焼十三代・中里太郎右衛門（逢庵）氏が五点発見、筆者も三点見つけている。素地の粘土は、内ヶ磯窯跡から出土するものとは明らかに異なる。すべてが桃山期の〝今焼〟の織部好みである。滴翠(てきすい)美術館所蔵の唐津沓形茶碗にもこの印がある。

織部は、十七歳の時から信長に仕えている。当然「瀬戸六作」の存在も知っていたはずである。「瀬戸六作」が選ばれた永禄六年（一五六三）当時、仮に宗右衛門が三十歳であったとすると、織部の茶会で「唐津足有水指」が使用された慶長八年（一六〇三）には七十歳。老境の域に達した名工である。

さらに十一年後に開窯する内ヶ磯窯跡から「7」印が出土しない点からすると、慶長八年の唐津焼は宗右衛門最晩年の作かもしれない。

図117　箱裏に「利休所持」の記述がある備前花入。底部に「7」様の窯印がある（『世界陶磁全集4　備前・丹波・信楽・伊賀』より）

個性溢れる陶工集団

「織部六作」の渡り陶工は、様々な職種の技術を身につけた、まさに「万屋」的な集団であった。これまで紹介していない他の陶工について、『別所文書』から補っておく。

一 「老巧」佐々竹庵　丸底を焼摺古木手と云　有来新兵衛の師匠土薬とも伝授す
遠州和書に摺古木手あり
一 浪屋権右ェ門　此窯にて渋紙抓み底　きりきりす手、藤浪手とも云　倅八左衛門焼「破風手也」
○破風窯　藤浪
一 高野窯　玄伯と云橋姫を模して焼　近年下手なり肝の恐ろしき者故世人狼と云
○なし
一 正　意　室町四条下る眼医者なり
○後窯初祖外四
一 茶臼屋小兵衛　京寺町通本能寺前元は堺の船頭なり
○なし

一　御堂焼　東六条本願寺内坊主也順彜と云

このうち茶臼屋については「舟徳利は小兵衛」という口伝があり、『茶器名物図彙』巻三十九には「茶臼屋の大瓶子（だいへいし）」という記述がある。「大瓶子」は船徳利の異称である。「元は堺の船頭」だったという茶臼屋小兵衛が得意にしたのは、こうした大型の徳利だったのであろう。

内ヶ磯窯からも、かなり様々な形・意匠の徳利やぐい呑みが出土・伝世している（図118）。掌を心得た酒飲みがつくるぐい呑みは使いやすいものである。小兵衛がつくる舟徳利もさぞかし使いやすかったのであろう。

また「浪屋権右エ門の倅（せがれ）八左衛門」は「破風手也」と記されている。八左衛門の得意は〃破風写し〃、すなわち陶祖・藤四郎の写しだったのであろう。

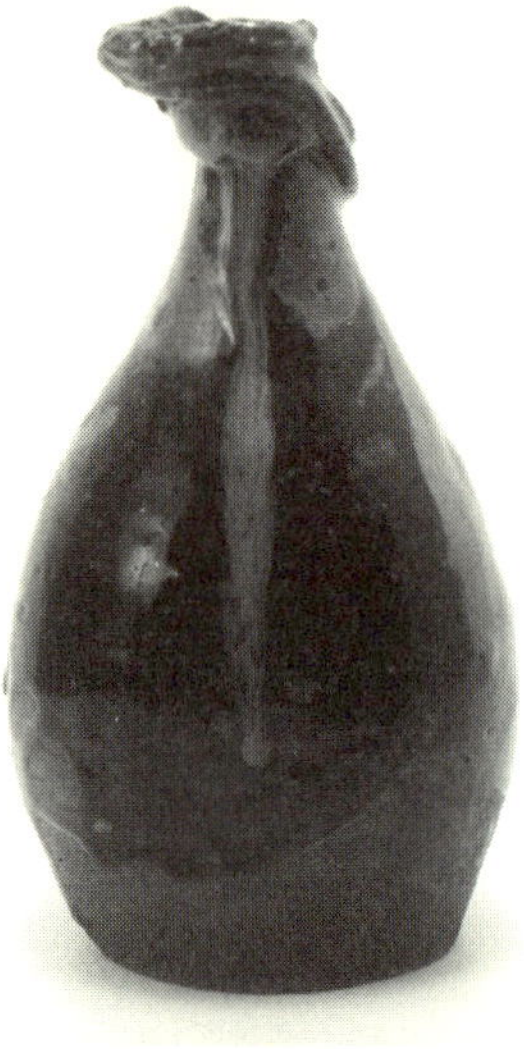

図118　底部に「王」印が刻まれた伝世品の預け徳利（個人蔵）

ちなみにこの八左衛門には「ヤヘイ」という通称があったという。内ヶ磯窯跡からは、「王」印の左側に「八平」の文字が線刻された陶片が出土している。

『別所文書』からは逸（そ）れるが、内ヶ磯窯で焼かれた「振出（ふりだし）」について紹介しておきたい。振出は徳利を小さくした形で、金平糖のような小さな菓子を中に入れ、茶席で振り出して楽しむ器である。茂右衛門の「十」印が凸印されたものが出土している（図119）。「一」印の入った振出も伝世している（図120）。佐々木三味氏（『茶器とその扱い』）によれば、この「一」印は「織部十作」の「元蔵」のものだという。

「織部十作」の窯印は、他にも「金九郎」の窯印と伝えられる「田」字が窯道具の〝ハマ〟に刻まれたものが出土している。

内ヶ磯窯は、「せともの町」系の陶工が数多く関わった、実にスケールの大きな窯なのである。

図119　「十」印が刻まれた、内ヶ磯窯跡出土の振出（個人蔵）

図120　「一」印の振出（亀陽文庫能古博物館蔵）

遠州茶入が焼かれた窯

内ヶ磯窯で大量の織部好みが焼かれていたことの意味は大きい。「織部高取」の呼称を提起する所以（ゆえん）である。

それに加え、別所吉兵衛ら「織部六作」の陶工たちが遠州の時代に至って茶入をつくっていたことが確認できる窯も、また内ヶ磯窯をおいて他にはない。

遠州時代の茶入は、よく炎の当たる窯の焚口とそれに続く二室（第十二室、第十三室）からまとまって出土している。茶入の窯詰めに使用する専門の窯道具〝ワドチ〟も複数出土している。

内ヶ磯窯の第一次調査主任技師を務めた副島邦弘氏は、出土状況、磁気測定による年代推定などから、こうした茶入が焼かれていたのは朝鮮陶工の八蔵たちを山田窯へ蟄居させた後で、この点を動かせない事実として強調している。

この時期は福岡藩二代藩主・黒田忠之が、二代将軍・徳川秀忠と三代・家光の上覧に供するための茶入を焼かせていた時期である。内ヶ磯窯後期から終煙期の茶入は、織部好みから遠州好みに変化していったのである。

遠州好みの名物茶入である「染川」、「秋の夜」の焼成肌合、成型方法、胎土質、轆轤軌道などを観察してみても、これらが内ヶ磯窯の伝世品であることは明らかである。

例えば「染川」（図121）は、底部に高台のような円座が付けられた珍しい姿形だが、この円座は白旗山窯跡から出土していない。逆に内ヶ磯窯跡ではこの円座が二点（図122上）出土している。「染川」と同じ肩部の耳や口端部も出土している（図122下）。「秋の夜」（84ページ、図57）や「横嶽」（図123）に付いた〝縦形〟の耳も出土しており（図124）、伝世品でも同じものが存在している。その釉調は長時間の酸化炎の中で焼かれた痕跡を示している。おそらく内ヶ磯窯は、白旗山窯の開窯後もしばらく操業し続けていたのである。

ちなみに内ヶ磯窯の窯室跡から出土した〝トチン〟にも、「〇」や「十」の印が複数確認されている（166ページ、図95および図125）。窯室から出土した遺物は、最後の窯焚きで使われていたためその場に取り残されたものである。つまり内ヶ磯窯の終煙時、京から来た陶工によって遠

図121　茶入　銘「染川」(個人蔵)

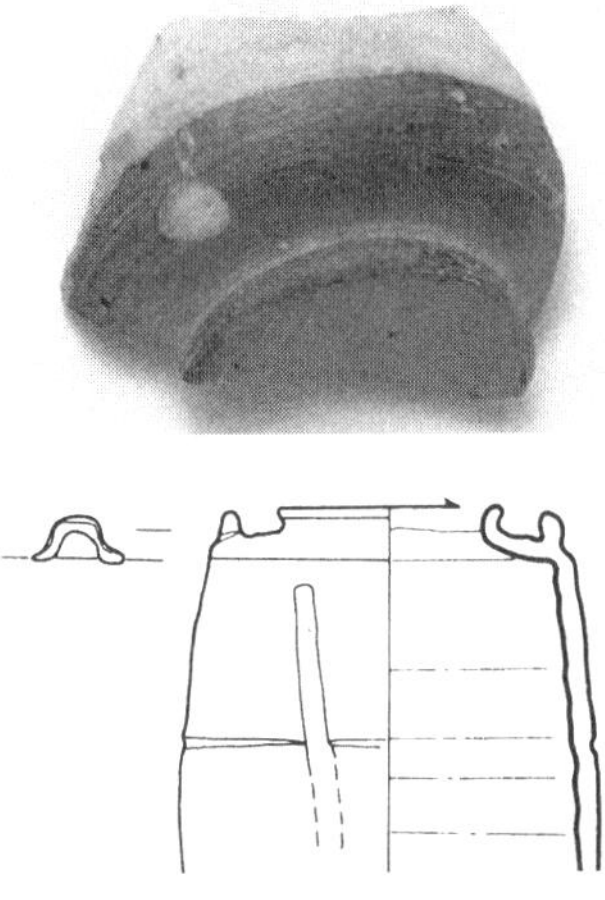

図122　内ヶ磯窯跡から出土した茶入の底部円座片(上)と耳部片の実測図(『古高取　内ヶ磯窯跡』より)

州好みの茶入が大量につくられていたことが裏づけられるのである。

白旗山窯と意匠の変化

白旗山窯跡から、〝窯糞〟が付着した窯道具（匣鉢（さや））が出土している（図126）。底部には「十」あるいは「×」様の印が刻まれている。既述の如く「十」は茂右衛門の窯印である。

白旗山窯以降の茶陶の意匠が大きな転換期を迎えたことは事実だが、少なくとも白旗山窯の初期に限っては、茂右衛門を始めとした陶工が再び参加していたのではないだろうか。

図123　茶入　銘「横嶽」（ＭＯＡ美術館蔵）

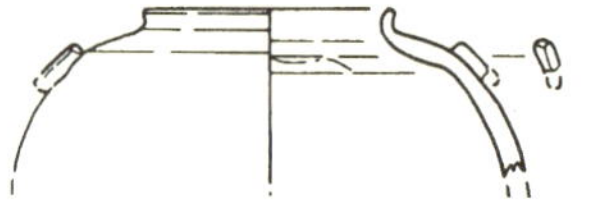

図124　内ヶ磯窯跡から出土した縦型の耳付茶入片（九州歴史資料館提供）

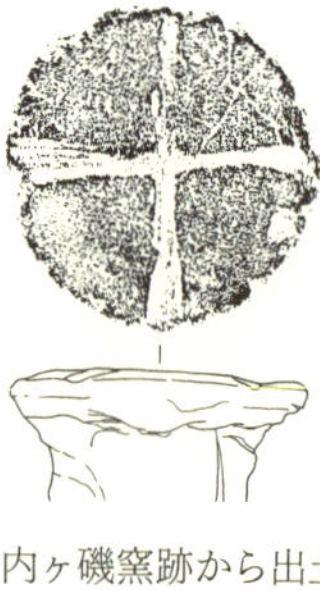

図125　内ヶ磯窯跡から出土した「十」印の“トチン”の実測図（九州歴史資料館提供）

なお内ヶ磯窯の後期から、すでに窯印は確認できなくなる。かわりに窯道具に窯印を入れる例が増えるのだが、理由は判然としない。

福岡市美術館の尾崎直人氏は、「大名茶陶　高取焼展」の記念図録の中で、茶入の制作技法を例に取りながら「内ヶ磯窯の茶入と白旗山窯およびそれ以降のものとでは、比較的顕著な差異が観察される」が、それは「寛永の初め以降、新しい方向性を以って進められてきたスタイルの茶入」をつくるという意志が、その推進者たる二代藩主・黒田忠之とその監修者たる小堀遠州の間で共有されていったからだと述べておられる。

寛永期（一六二四～四五）、三代将軍・家光の時代になると、信長の時代に廃止された関所が再び設けられ（関所・駅伝の制＝寛永二年〈一六二五〉）、人びとの自由な往来が制限されるようになる。規制は、島原の乱（一六三七～三八）を契機として一層厳しくなる。おそらくそのころから、陶工たちの移動が以前のように行われなくなったのだろう。八蔵親子を京の遠州のもとに上らせた事情の背景には、次の世代、自領内で高級茶陶を生産できなくなることに対する忠之の危機感があったのかもしれない。

図126　白旗山窯跡出土の、「十」または「×」様の印が刻まれた匣鉢片実測図（『白旗山窯跡』より）

『東山高取焼仕法記』によれば、このころ内ヶ磯窯のキーパーソンの一人だった元唐津藩の浪人・五十嵐次左衛門が、配下の陶工の起した事件に連座して、直礼の礼式を召し上げられてしまう。

右之通ニ而高取八蔵と同じく御好之品を焼立居申候所、抱之細工人之内、奉対御上ニ不慎之次第有之間、次左衛門御かゝハリ被成御礼式被召上、其後御通掛ヶ之御礼ニ相成居申候由、云々

尾崎氏はこの点について、「藩に無断で（もっとも陶工にしてみれば許可が必要とは夢にも思っていなかったに違いないが）従来の販路を利用して、おそらくは京都三条など上方の茶器市場へ出荷していたことが藩の上層部に露見したと解釈される」とし、「この事件が、茶入生産についての管理統制という忠之の対応の一部に繋がっている可能性はたかい」と述べておられる。五十嵐一派に関する記録には不自然な点が多く、「織部の隠し大窯」との伝承が残る内ヶ磯窯にはまだまだ未解明の謎が多い。

いずれにしても、八蔵親子が内ヶ磯窯の最盛期に茶入を制作することは物理的に不可能だった。高取の名物茶入を制作したのは、「せとものや町」の渡り陶工たちだったのである。

古高取と遠州高取

『茶器名物図彙』の巻四十一「国焼之類・茶入之部」は、筑前高取焼を筆頭にあげている。

筑前高取焼
此古高取にかぎらず都で国焼のものおおいに新古あり　古高取は土堅けれどもにっとりとして薬は柿・薄茶・黒飴・また飴に少しるりの交じるもの有て、種々薬変化あり……
そのほか名高きは秋の夜・手枕・横嶽・染川等みなみな古高取なり……

『茶器名物図彙』は草間直方が文政十年（一八二七）に著した茶陶の解説書である。この時代、すでに「古高取」という呼称が使われていたことになる。
「秋の夜」、「染川」といった遠州好みの茶入が内ヶ磯窯の伝世品であったことはほぼ間違いない。したがって、「古高取」（＝宅間窯・内ヶ磯窯）と「遠州高取」（＝白旗山窯以降）を別物とする区分や定義は、そろそろ改める必要があるのではないだろうか。
なお草間直方は、吉兵衛や源十郎、さらに彼ら以外の茶臼屋、八左衛門、万右衛門といった陶工たちのことを「寛永・正保年の頃までの間に唐物類・古瀬戸・春慶の類よく似せて渡世とせり、依之土の製も至て巧者也」と記している。

茶入の窯分（分類）を古い順に記すと唐物→古瀬戸→春慶→真中古→金華山→破風窯→後窯→国焼という順になる。窯分の文書史料として、『別所文書』はそれを遡る時代のものである。続くのが『遠州御蔵元帳』等である。

すでに述べた通り「似せ」という言葉はフェイク品という意味ではない。当時「唐物」や「古瀬戸」、「春慶」といった前時代の焼きものは、陶工らが目指すべき最上格のお手本すなわち〝本歌〟だったのであり、その古色を再現しながら創意を加えた「似せもの」をつくることが、彼らの目標の一つだったのである。

なお「依之土の製も至て巧者也」というくだりは、彼らの土づくりがよく工夫されて良好であったことをうかがわせる。

黒田藩と織部流

黒田藩と小堀遠州の関係はすでに慶長中期に始まっている。『慶長七年諸役人知行割、同九年知行書附』（『黒田三藩分限帳』所収）には「組外」として「四百石　近江小堀遠州一類　小堀久左衛門」という記述がある。

『慶長年中士中寺社知行書附』（同）では「新参」とあり、寛永十六（一六一一）、十七年ごろとみられる『寛永知行役帳』（同）では「（知行）四百五十石内五十石寛十六ノ加増、一同四人

四分九厘弐毛弐朱　小堀金太夫」と、五十石もの加増となっている。

黒田家が慶長七年（一六〇二）の段階で早くも小堀遠州の血縁者を召し抱えていることからすると、如水生前、内ヶ磯窯の計画段階からすでに関係を持っていたことになる。

遠州と関わりを持っていたといえる形跡を内ヶ磯窯以上に色濃く見せる窯は他に見当たらない。『別所文書』において国焼高取を遠州好みであるとしているのも、遠州が早い時期から内ヶ磯窯に関わっていたからだろう。だが当時はまだ織部の時代である。彼に師事した遠州が、〝今焼〟としての織部好みを推進していたとしても、何ら不思議はないのである。

最後に、豊後岡藩に伝わる興味深い史料を紹介したい。

筑前伝古織流之先師
土屋宗俊ハ俗名金左衛門ト称シ元加州ノ人ニテ京都ニ来リ古織ノ門ニ入テ茶法其ノ奥意ヲ極メ浪人ニテ茶事ヲ己ガ住トス、筑後久留米有馬玄蕃頭豊氏ノ招キニヨッテ久留米ニ下リ有馬家ノ客タリ、豊氏死後古郷ノ帰路筑前福岡ヲ遊歴ス、茶人ノ聞エアルニヨッテ黒田家ノ長臣宗俊ヲ客トシ留メテ国主（黒田）長政ノ師範トナル、終ニ其子黒田家ノ臣トナリ今モ黒田家ハ代々古織流ニテ茶道ノ者数人悉ク古織タリ

以上は元竹田市図書館長の本田耕一氏が、豊後岡藩に伝わる古田家文書の「聞書」によって作成し、地元の郷土史研究会の場で公表したものである。「福岡藩（黒田家の家臣）槙氏より

図127　豊後岡藩に伝世してきた古高取の肩衝茶入。「織部肩衝」の典型的な姿形で、釉薬の変化が美しい(個人蔵)

岡藩（中川家の家臣）古田氏へ織部流茶道の伝授返しを伝える史料である」との注記がある。

岡藩の祖は信長、秀吉にも仕えた中川清秀。織部の妻・せんはこの清秀の妹であった。初代藩主は清秀の子・秀成である。織部は娘を中川家の養女とし、自分の義弟・古田重続に嫁がせていた。織部の自刃後、この古田重続も罪を問われたが特別に赦され、古田家は岡藩の家老職として存続することになった。

だが織部流の茶の湯はここで一旦途絶える。その後、十一代目の子孫・古田淵黙（広計）が福岡藩に伝わっていた織部流の「伝授返し」を受けて中興の祖となる。織部流はこの岡藩・古田家で命脈を保ち、「式正織部流」として受け継がれることとなった。

まずもって興味深いのは、福岡藩初代藩主・黒田長政が織部の直弟子だったという土屋宗俊を招いて茶頭とし、百年近い時を経て岡藩・古田家に織部流を授けたという事実である。父・如水と織部が茶友であったのは周知のとおりだが、その子長政もまた織部流の茶の湯を取り入れ、織部の茶法を伝え続けていたのである。

これまで遠州との関わりばかりが強調されてきた筑前国焼・高取焼の歴史は、今、再考を迫られている。

織部好みをめぐる謎はまだまだ尽きない。内ヶ磯窯がその謎を解く鍵を秘めた「隠し大窯」であることは、もはや疑いをいれないだろう。

終　章　「王」印の謎を追う

I　「王」印は誰のものか

完成度の高さ

内ヶ磯窯の沓形茶碗に刻まれた窯印で、かつ京三条「せとものや町」界隈からも出土するのは「二」、「十」、「王」の三種類である。

本章ではこのうち、内ヶ磯窯製の茶陶のみに見られる窯印で、これまで謎とされてきた「王」印に絞り込んで論を進めたい。

内ヶ磯窯跡の発掘調査報告書である『内ヶ磯窯跡』1～3巻（福岡県教育委員会）、および『古高取　内ヶ磯窯跡』（直方市教育委員会）の計四冊の中に紹介されているもののうち、「王」印の茶碗は十二点ある。印はすべて小形の竹箆（たけべら）の先で高台内に押刻されている。「王」印の茶碗片の多くは意識的に大きく歪めた沓形であり、正式な発掘調査以前に掘り出されているものの中にも「王」印の沓形茶碗を見たことがある。

一方、伝世する「王」印の沓形茶碗は、内ヶ磯窯製品の中でもかなり完成度が高く、かつ初窯で焼かれた痕跡が見当たらない点も付け加えておきたい。

複数の陶工が関与？

これまで、内ヶ磯窯跡の発掘調査報告書に掲げられている十二点を含め、計十九点の出土品、十二点の伝世品、合わせて三十一点の茶碗を確認したが、高台の削り出しや轆轤の軌道にいくつかの種類があり、複数の陶工の手によるものと推測される。ただし、いずれもかなり手慣れたもので、茶陶制作の経験を積んだ名工が手がけたという点では共通している。

複数の陶工によって制作されたことをさらに裏づけてくれるのが、「王」印の字形である（図128）。「王」と見える印、「壬」と見える印、「二」の間に「十」が入れられているように見える印の三種で、それぞれヘラ押しの方向や押し癖が異なっている。

内ヶ磯窯から出土する「王」印については発掘当初から「王」であるか「壬」であるかという議論が続けられているが、この印には個人の窯印として該当する伝承がない。

一方、「二」印は別所吉兵衛、「十」印は茂右衛門、そして「印のないものは弥之助」との伝承がある。この三名は『別所文書』にある通り「せ

表3　「王(壬)」印の伝世品と出土品

	茶碗	水指	徳利	
伝世品	12	7	1	
出土品	19	1		
計	31	8	1	40

図128　内ヶ磯窯跡から出土した茶碗の高台。「王」、「壬」、「二」の間に「十」が挟まれたような3タイプがあり、高台の形にも複数の種類が確認できる（九州歴史資料館提供）

とものや町」に関わった陶工で、いずれも利休の時代から茶陶制作に携わっていた。内ヶ磯窯開窯のころにはかなりの年齢に達していたはずである。

後にも述べるが、そもそも沓形茶碗は、茶の湯における所作などを十分理解し、加えて特殊な指の使い方をしなければ成型できる姿形ではない。その意味でもごくひと握りの陶工たちの達人技といえ、名人上手でなければ生み出しようのない器なのである。

とすれば、極めて高度な焼成の跡が見られる「王」印の沓形茶碗も、やはりこの三名のような熟練の陶工が制作したものと考えるべきであろう。

左手の痕跡

内ヶ磯窯製の「印のない」一部の優品茶陶には、絵付けや彫文の際、道具を左手に持って行なっているという共通点がある。根津美術館蔵の斑釉彫文水指（56ページ、図28）や田中丸コレクションの耳付花入（151ページ、図86）などがその代表的な伝世品である。

これらの品々の彫文には木ベラだけでなく鉄ベラを使用したと考えられるものもある。実際、内ヶ磯窯跡からは鉄ベラも出土している。

特に注目すべきは、田中丸コレクションの耳付花入に見られる櫛目文と叩き目（図129）である。二種類の異なった道具による文様だが、どちらも左手に道具をもっていなければできない痕跡である。「王」印入りの沓形茶碗の中にも、やはり左手に道具を持って彫文を行なっているものが数点存在する。左の指押し文様の水指片も出土している（図131下）。

図129　内ヶ磯窯製の耳付花入に見られる、左手を使った彫文（田中丸コレクション蔵）

茶碗の高台は轆轤板状に〝シッタ〟と呼ばれる円筒形の台を据え付け、前もって轆轤水挽き成型し、さらに沓形に変形させておいたものをシッタ上に伏せて削り出す。胴部に見られる桧垣文様、ト草文様などはシッタの上に逆さまにのせられる前に行う。シッタの上で高台が削り出された後、胴と腰の際（きわ）に線刻がひと回り施されているものがある（図130）が、これは単なる装飾ではなく釉薬の流下を留めておく溝としての役割も持っている。

高台はおそらく鉄ベラで削り出されている。「王」印はその高台内部の際（きわ）に、同一のヘラによって押刻されている。

図130　「王」印が刻まれた内ヶ磯窯製の掛分釉割高台沓形茶碗　銘「深山路」（東京国立博物館蔵）

ヘラに三種類

「王」印を刻んだヘラには、少なくとも三種類あったようである。ただし「壬」印に限っては同じヘラで押されており、同一の陶工の手によるものと考えられる。

一方、先にも述べたように内ヶ磯窯で焼かれた「印のない」優品茶陶には、明らかに左手で彫文した跡（図131上）が確認できる。

おそらくこの左利きの陶工こそが弥之助で、「王」（壬）印の茶碗は、弥之助、吉兵衛、茂右衛門の三名が何らかの理由で共同で成型・焼成したものだったというのが筆者の推理である。

中でも唐九郎記念館所蔵の沓形茶碗（196ページ、図112）は内ヶ磯窯を代表する逸品で、「二」印の間に「十」印を刻んだといえる筆跡である。必ずしも当て推量とはいい切れず、むしろ「天性と窯の内より古びを焼出す　黄薬などを写し　是を大窯と云ふ」（『別所文書』）と謳われた弥之助、そして吉兵衛と茂右衛門という血縁の名工が共同で焼き出した最高傑作といっても過言ではない作行きなのである。

この茶碗は『唐九郎のやきもの教室』において、加藤唐九郎翁が選んだ十三の名碗の一つとして掲載されている。桃山茶陶の高みに生涯挑み続けた翁の眼力が選びだした逸品中の逸品であり、簡単に焼き出せるものではないのである。

なおこの茶碗は薬の発色だけでなく、見応えのある灰かぶりの〝玉だれ〟も見所としている。この玉だれから思い浮かぶのは、薪窯を長年焼き続けてこられた二代目・藤原楽山師であ

図131　内ヶ磯窯跡から出土した、左手に木ベラをもって彫文した痕跡を見せる斑釉線刻水指片(上)と、左手指によって押した凹凸文様がある斑釉水指片(個人蔵、田畑恵美子氏撮影)

る。この茶碗を見ていると、師がかつて「桃山古備前の窯焚きは数百年に一人現れるかどうかといった名人」と仰っていたことが思い起こされてならない。

Ⅱ 「念八」茶碗の謎

細川家に伝わる名品

織部好みを語るときに忘れてはならない沓形茶碗がある。内ヶ磯窯が築かれる以前の十六世紀後半に焼かれた瀬戸茶碗（図132）である。

この瀬戸茶碗は、細川家に伝来する歴史資料や美術品を今に伝える永青文庫所蔵のもので、外箱蓋表には「瀬戸念八茶碗」と墨書されている。外箱より前に作られたらしき内箱にも「瀬戸念八」の墨書がある。

もしかするとこの茶碗は、『宗湛日記』に「茶碗セト也、ヒツムツキ候」と記された茶碗と同一のものではないだろうか。『宗湛日記』慶長九年（一六〇四）二月八日のくだりについて、加藤唐九郎翁は以下のように述べている。

「これは、黒田如水邸での茶会記であるが、茶盌（ちゃわん）が、ひずんでいたと記している。そのほか、カタイロ（掛分のこと・筆者注）という表現もある。要するに、古田織部が瀬戸の陶工に焼かせたものを使用しているのであろうが、茶会に参会した者には、奇抜に異様にうつったにちがい

図132　細川家に伝世した沓形茶碗銘「瀬戸念八」（永青文庫蔵）

ない。織部特有のデフォルメした茶碗が、従来の道具の中で、自由に使われていたことがわかる」（『日本のやきもの9　瀬戸・常滑』より）

管見による限り、現在伝世している掛分釉の沓形茶碗でかつ如水の生前に焼かれたものは、この「瀬戸念八」茶碗をおいて他にないようである。

「瀬戸念八」と「ヘウケモノ」

如水邸の茶会からさらに遡ること五年、慶長四年（一五九九）二月二十八日の朝、伏見で織部が毛利輝元や宗湛らと行なった朝の茶会に登場するのが、かの有名な「ヘウケモノ」の茶碗である。

ここで注目したいのが「念八」茶碗の由来について記した細川家の『御宝物帳』の記述である。そこには「念八トハ月ノ廿八日（＝二十八日）ヲ云フ　其日御手ニ入リ候ニ付御銘」と記されている。ご存じの方もおられるだろうが、二月二十八日は、天正十九年（一五九一）に亡くなった千利休の命日なのである。

この「念八」茶碗は、そもそも織部にとって特別な恩義のある師・利休に手向けるために選ばれた茶碗だったのではないだろうか。織部とともに師・利休の最期を渡し場まで見送った細川忠興所縁の品を蔵する永青文庫がこの茶碗を伝えてきたという事実にも、深い因縁を感じずにはいられない。

「王」印茶碗の先駆け

「念八」茶碗の意匠は、内ヶ磯窯で焼かれた掛分釉の沓形茶碗を先取りしたものである。実際に成型するとよくわかるのだが、この茶碗のように腰の切れ上がった茶碗は相当に轆轤が熟練していないと作れない姿形であり、極端にバランスの取りにくい器形なのである。

さらに興味深いことに、「念八」茶碗の高台の削り方や姿形のバランス、胴部に見られる線刻文様は、内ヶ磯窯で焼かれた「王」印の掛分釉沓形茶碗（図133ほか）とよく似ている。「念八」茶碗を手がけた陶工が後に内ヶ磯窯を訪れ、「王」印の掛分釉沓形茶碗をつくったのだろうか。

これまで、内ヶ磯窯製の沓形茶碗に見られる「王」印は消費地である「せとものや町」を除き一点も出土・伝世しておらず、窯印と陶工をつなぐ口伝や史料も存在しない。そのためもしこの「念八」茶碗に窯印が確認されれば、「王」印の茶碗をつくった陶工を同定する手がかりとなるであろう。

これを制作した陶工は、織部の茶の湯の向きを心得ていた人物だったはずである。加えて瀬戸、美濃にも所縁が深く、鍋島勝茂が国許に送った書状に記した「三条之今やき候者共」の一人だった可能性が高いと思われる。

「念八」茶碗との対面

「念八」茶碗の存在を教えてくださったのは、かつて藤原楽山先生のもとに筆者を導いてくださった育英高専時代の恩師・長谷川徹先生である。

長谷川先生は平成十四年（二〇〇二）、永青文庫に出かけて「念八」茶碗を見られた際、内ケ

図133　「王」印入りの掛分釉沓形茶碗。金粉状の窯変を見せる優品。遠州時代の黒柿製の箱を伴ない、「高取沓茶碗　母里」と記されている（個人蔵）

磯で焼かれたものと余りにも似ていることに驚かれ、図録を買い求めて送ってくださったのである。図録を見た瞬間、この茶碗は緑釉のものが沢山焼かれていた窯に詰められて焼かれた結果、このような色調になったに違いないという直感が走った。そして焼成実験を試みると、まさに予想通りの色調のものを焼き出すことができたのである。

図録を見た翌年、この茶碗の高台、見込み、三方向から見た側面、そして茶碗が納められている共箱の写真を送って下さるよう永青文庫にお願いをした。するとすぐに写真を撮影し、送って下さった。早速高台の部分を確認すると、おぼろげながら窯印のようなものが見える。お礼かたがた電話でそのことをお話しすると、先方は「窯印は確認できないようですが……」とおっしゃる。これはどうしても自分の目で確認しなければならない。その後東京に帰郷した折に足を運んでみたが、お目当ての「念八」茶碗は他館に貸し出されていた。永青文庫の方々が気の毒そうに恐縮されるので、逆に申し訳なかった。

それから数年経った平成二十四年（二〇一二）正月、九州国立博物館で行われた「細川家の至宝展」の会場で初めて「念八」茶碗と対面する機会を得た。ガラス越しに、この茶碗が緑釉を隣に置いて焼かれていたことを確信したものの、高台内がどうしても見えない。そこで担当の方に底部観察を願い出てみたのだが、さすがに一見学者が展示ケースの中の物を自由に見ることはできず、またまたお預けとなってしまった。

「二」印の痕跡

ついに高台内を実見することができたのは、忘れもしない翌平成二十五年（二〇一三）十月十八日のことである。東京へはその二年前、急性前骨髄性白血病の宣告を受け緊急入院して以来初めての帰郷で、病床の父の見舞いと先祖の墓参りを兼ねていた。同年八月に鬼籍に入られた長谷川先生の葬儀に出席できなかった筆者にとっては、悲願の上京であった。同業で親友の一人、鈴木茂和氏にお願いし、永青文庫には茶花、長谷川先生には手向けの花を用意してもらった。

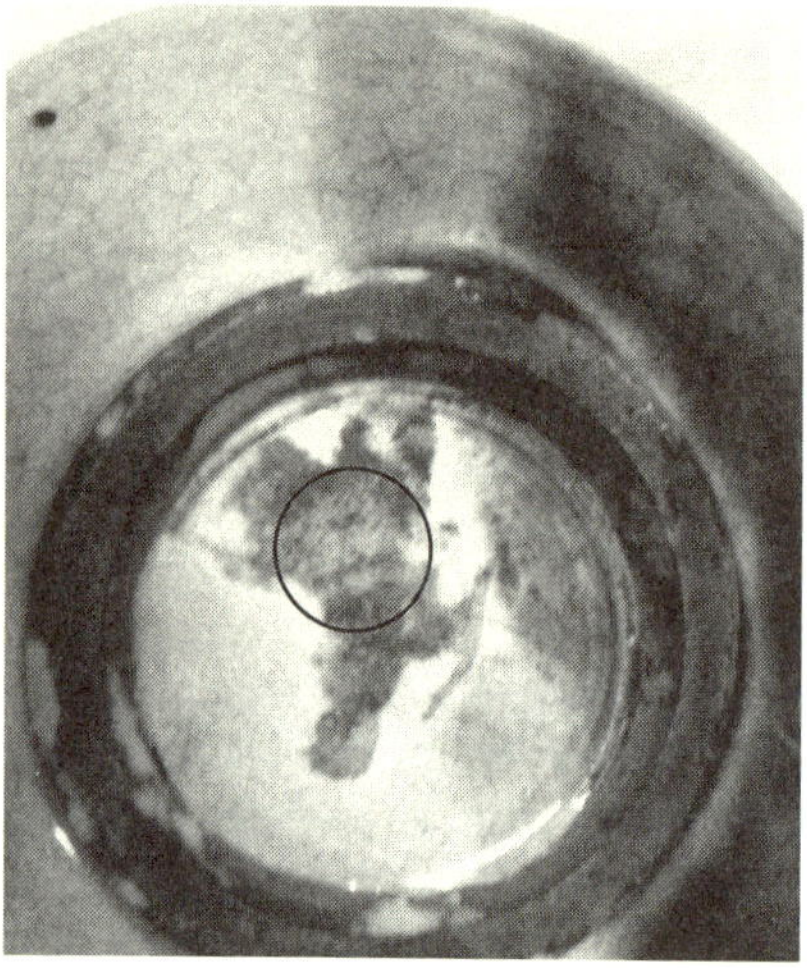

図134　「瀬戸念八」茶碗の高台。おぼろげながら「二」印の痕跡が確認できる（永青文庫提供）

突然の申し入れではあったが、永青文庫の学芸員・三宅秀和氏はこころよく迎えてくださった。特別室に案内された筆者は、「念八」茶碗を両手でしっかりと抱き、ついに高台内を確認した。

そこには「王」印でなく、何と吉兵衛の「二」印が刻まれていた（図134）。印はヘラで線刻されており、年月を経た結果その凹部分が塵で埋もれてしまったのか、あるいは意図的に削られたのか、おぼろげで見えづらい。そのためこれまで確認されなかったのであろう。「二」印の痕跡、そして緑釉の色調が発生したメカニズムなど、同席されていた三宅氏に私見を述べ、永青文庫を後にした。まさに夢がかなった至福の〝一期一会〟であった。

なお、この「王」印と「二」印の意匠が錯綜する理由については前項に述べた通りである。おそらく「念八」茶碗は「二」印の陶工・別所吉兵衛が成型し、内ヶ磯窯の「王」印茶碗は、吉兵衛と弥之助らが共同でつくり、焼き出したものであろう。

Ⅲ 「王」印の茶陶とその陶工をめぐって

「王」印茶碗の特徴

「王」印の沓形茶碗は、江戸時代を通じ、近年に至るまで古唐津を代表する桃山茶陶として名声を博してきた。本項では、内ヶ磯窯出土品と伝世品に見られる「王」印の茶碗とその陶工をめぐる問題について考察してみたい。

内ヶ磯窯では「王」、「二」、「十」、「〇」印の他、印の入っていない沓形茶碗が焼かれている。そのうち「王」の窯印は、高台内側の際（きわ）に竹ベラ状の道具を用いて押し切りで刻まれている。高台の種類としては円形のドーナッツ状のもの（図135）、三つ割あるいは四つ割のもの（図136）、四方を刻んだもの（図137）、その他高台および高台中央部を十字に刻んだもの（図138）などが出土・伝世している。

出土陶片の半数以上は生焼けの状態である。多くは二色の異なる釉薬を掛け分けているが、中にはなまこ釉や斑釉一色のものもある。

成型については、斑釉の透文鉢（61ページ、図36）と同じ時計回りのゆっくりとした水挽き成

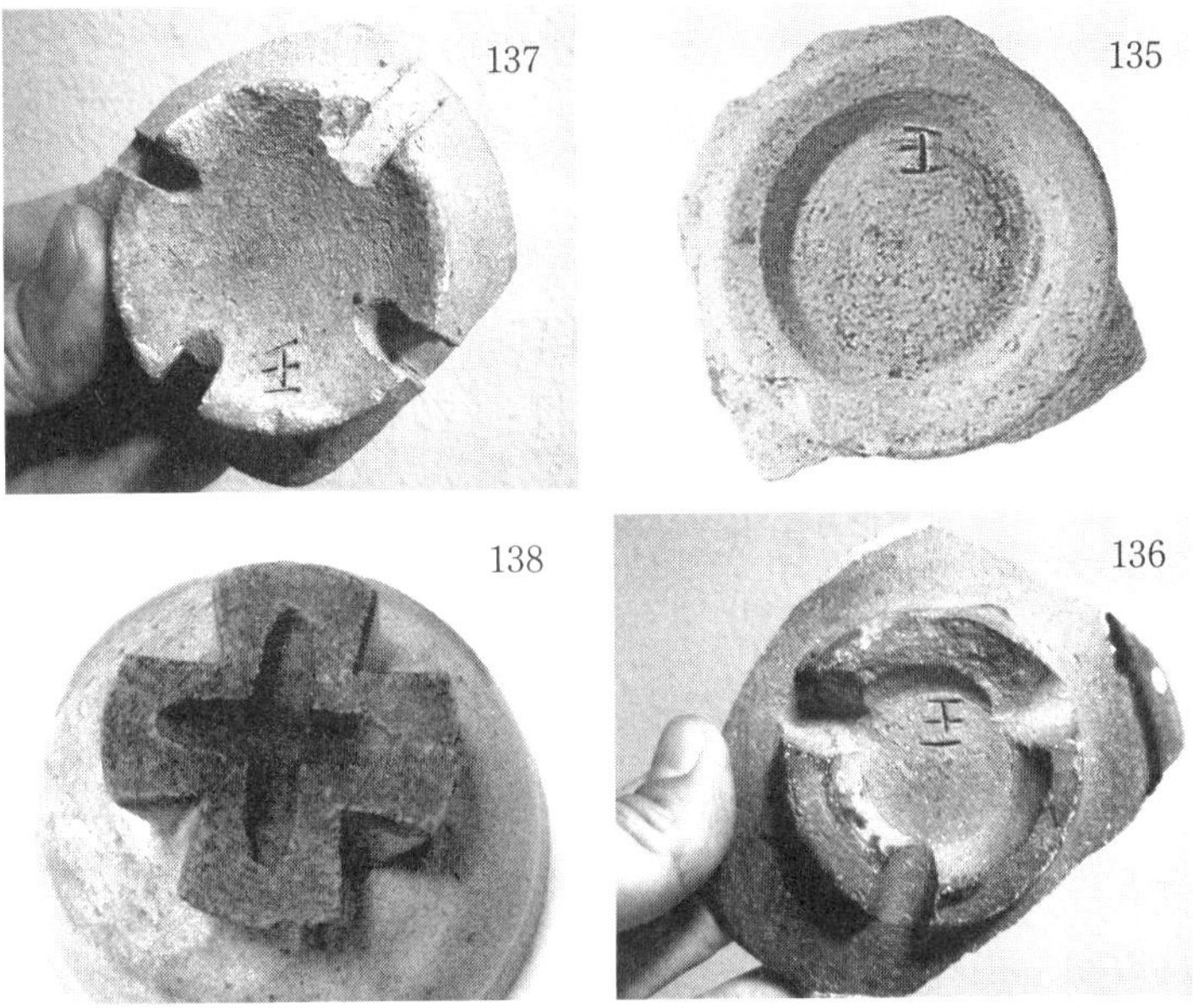

図135〜138　内ヶ磯窯製の「王」印(あるいは「壬」印)の茶碗高台片

型をした後、指もしくは手の腹などを使って押し、不等辺三角形に歪めて沓形にしている。そして高台を削りやすい硬さに乾燥させ、上部とは逆回転による削り出しをしている。さらに胴の部分には、彫り道具のカンナ等によって草花文や井桁文が彫刻されている。

三種類の「王」印

本章の冒頭にも述べたが、「王」の字形には三つのタイプがある。「壬」という字にも見える少し小さめのもの、それよりも大きめで「王」としか読めないもの、そして「二」の間に「十」を足したようなものである。これらは異なった幅・長さのヘラで押し書きされており、胎土や

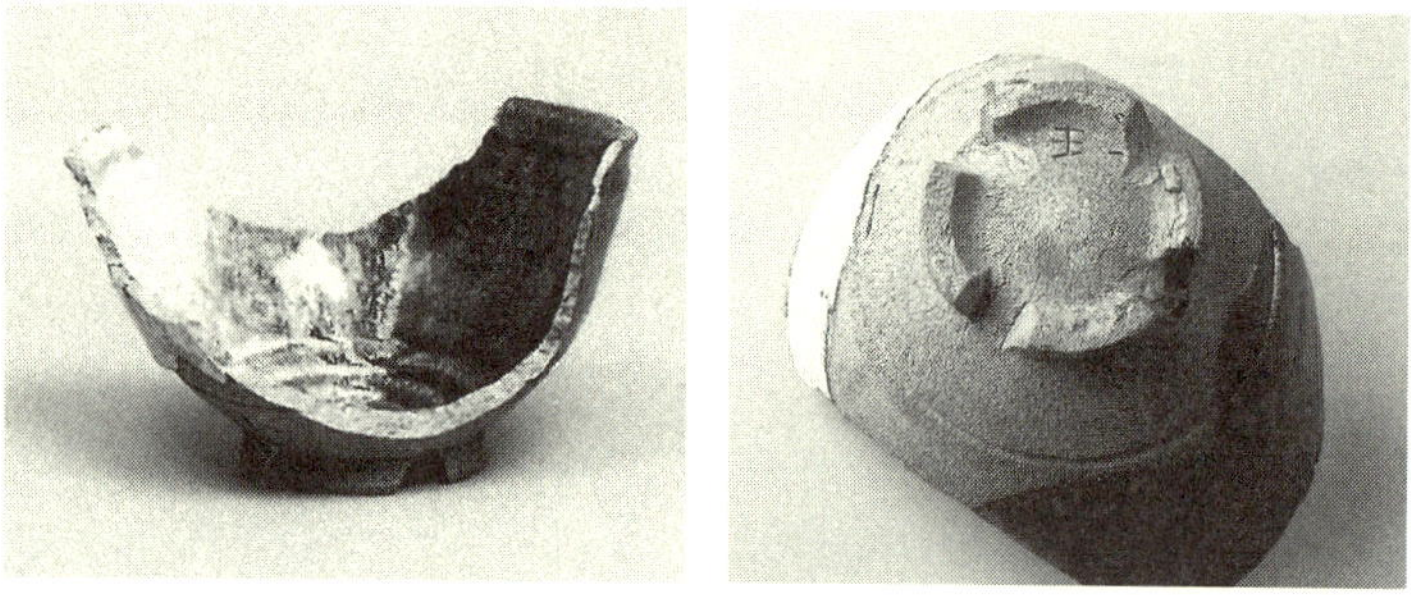

図139　京三条「せとものや町」界隈・福長町遺跡から出土した「壬」印の茶碗片。『天王寺屋会記』に記された「ハタノソリタル茶碗」を思わせる、口縁部の反った姿形である（京都市埋蔵文化研究所提供）

成型の手ぐせも異なっている。

「王」印茶碗の発掘例は内ヶ磯窯跡と京三条「せともの や町」界隈だけである（図139）。内ヶ磯窯跡の発掘調査報告書四冊の中で、「王」印が刻まれた茶碗は十二例である。「王」印は出土した窯印中最多だが、「王」印茶陶の伝世品の焼成肌合は、焼成時に発生する現象（窯変）が共通している点を強調したい。すなわち「王」印の茶陶群は、極めて短い期間に集中して焼かれたと考えられるのである。

一方内ヶ磯窯からは、織部好みの沓形茶碗以外にも、「綺麗寂び」と形容される小堀遠州好みの茶入や薄手の筒型茶碗も出土している。時系列で考えると織部好みは内ヶ磯窯の前期、「王」印の沓形茶碗は中期以降、遠州好みは後期に焼かれたものと考えられる。

特殊な土・釉薬・焼成

「王」印の茶碗の一部には、草木の根や実が焼け落ちた痕と思われる孔（あな）や、五ミリ以下の小さな鉄分の噴き出し痕が見られる。つまり水簸土でなく、篩（ふるい）土を使用して成型されたものなのである。

水簸土とは、乾燥させた原土（粘土）を水に溶かして攪拌した後、粒子の細かい土をすくい、さらに目の細かい笊などで漉したもので、夾雑物をほとんど含まない。逆に篩土は乾燥した土を砕き篩を通しただけのもので、篩目を通ってしまった砂礫、石灰石、長石、酸化鉄などの夾雑物が混じっている。

図140　唐九郎記念館蔵の「王」印の沓形茶碗。丸で囲った部分が夾雑物の痕

唐九郎記念館蔵の掛分釉割高台沓形茶碗（196ページ、図112）の正面ほぼ中央部と高台内中央には、夾雑物が燃えてなくなった抜け痕と鉄分の噴き出し痕がある。高台の正面左側には、燃え残った黒色の夾雑物が顔を出している（図140）。

また「王」印の沓形茶碗は、大半が二種類の釉薬を掛け分けたものである。この二種類の釉薬のうち白発色系統の斑釉側は火当たりの良い焚き口に近い方向に向けられ、三〇度ほどの傾斜で焼かれている。この窯詰め

図141　黄金色の窯変を見せる伝世品の割高台茶碗。高台には「王」印が刻まれている（251ページ、図146参照、個人蔵）

は「王」印の沓形茶碗だけではなく、他の内ヶ磯窯製の茶陶にも多く見られるものである。

さらに「王」印茶陶の中でも優品ほど、まるで金粉を振りまいたような窯変を見せている点に着目したい（187ページ図109、図141ほか）。

この発色に欠かせないものの一つが釉薬である。それを決定づけるものが、調合の時に使用される植物の種類とその採取地であることが焼成実験で分かってきた。

通常、主に珪酸分の多いイネ科の植物の灰に、木を焼いてつくった木灰をそれぞれ適量で配合すれば、白発色系の簡単な斑釉を得られる。それをさらに安定させ、下地である素焼きの器表面になじませ密着させるための補助的な役割として、長石もしくはそれに類する土を配合する（下地の粘土でも良い）。この時、内ヶ磯窯周辺のある地域で採集した土を混ぜると、さらに効果を増すこともわかった。

　これまで萩焼の名品とされてきた透文鉢（61ページ、図36）にもこの窯変が見られる。これは窯の焚き方を制御しなければ焼き出せない現象で、焚き止めの時間帯や天候にも左右される高度な技法である。その上、長い時間をかけてゆっくりと焼かなければならず、もとより薪の灰がよく降り掛かる場所に窯詰めしなければならない。つまりその場所を正確に選び出した上で窯詰めを行なった結果であり、誰もがいつでも簡単に焼き出せる肌合いではないのである。またその灰が釉薬の上で高温のため溶けてしまうと、下方に流れてしまったり、釉薬の中に溶け込んでしまったりして、決して金粉状にならない。窯の焚き止めが早すぎても遅すぎても焼き出せない驚きの技術といえ、長年の窯焚きの経験者でかつ特殊な勘の持ち主でない限り、このような肌合いにはならないのである。

　この肌合いを焼き出すためには、窯の構造も大きく影響してくる。

　一例を挙げると、高取焼発祥の宅間窯製と言われている茶入銘「夏草露」がそれである。長時間かけて焼かないと現れない灰かぶりによる金粉が下方の畳つき（高台の下部）に近いところまで流れ落ちている点、そして宅間窯からは出土しない器形である点からして、構造の違う宅間窯で焼かれたものと考えるのは不自然に思える。

茶碗以外の「王」印

伝世する「王」印入りの茶陶としては、茶碗以外にも、大きな歪みを持った飴釉の水指や建水がある（図142〜144）。これらの器種の「王」印は茶碗のような〝押し切り〟ではなく〝引き書き〟で刻まれている。残念なことに、発掘調査報告書の中には「王」印の水指・建水は掲載されていない。「王」印が刻まれた水指の出土品は、かつて高鶴元氏が『日本陶磁体系15　上野・高取・八代・小代』に紹介した例のみである。底部に「王」印が刻まれているほか、同じ面に「八平」の文字も刻まれている。氏は解説の中で、「王」印が他のどの窯からの出土品にも見ら

図142　大きな歪みをもった「王」印の耳付水指（福岡市美術館蔵）

れないことから「この窯だけの何か特殊な条件の下に作られたものとしか考えられない」と述べ、「王」印の入った割高台の茶碗として、アメリカのメトロポリタン美術館所蔵のものも含め当時六点が知られていたことを補足しておられる。

なお「王」印の入った茶碗はすべて水挽き成型だが、水指、建水といった器形についてはすべて叩き板おこし成型でつくられている。

先に述べたとおり、「王」印の茶陶は複数の陶工による作と考えられるが、「王」印と他の印

図143 「王」印入りの耳付建水
(田中丸コレクション蔵)

図144　表千家九代・了々斎による「長者石」の朱塗銘がある「王」印の水指（福岡市美術館蔵）

がさらに複合する理由についてはよく分からない。

内ヶ磯窯から出土した窯印は、「王」印を含め二十種を超える。「十」「大」「二」「三」「〇」「丁」「于」「＊」「一」「八」「八平」、花押印などである。伝世品の中には「▽に丁」「レ」「水」といった窯印もあり、「王」や「水」印以外は美濃や備前、唐津など他の窯場と共通しているものが大半である。だが窯印入りのものと類似する意匠であるにも関わらず、印のないものも出土しており、こうした窯印の有無が発生する理由は専門家の間でもいまだに意見がわかれているようである。

ちなみに京三条「せとものや町」界隈からの出土品には「王」、「二」、「〇」印のほか、「丁」、「十」（「×」）、「一」、「7」印などが確認されている。

朝鮮にない焼成法

すでに紹介した加藤唐九郎翁慈愛の「王」印茶碗（196ページ、図112）は、すべての面において優れた至高の茶碗である。

「王」印の中でも、造形の優れたものほどこの金粉状の肌合いが見られる理由は、作りの良いものを優先して灰が多量にふりかかる窯位置に詰めていたからである。同時に、茶席での姿見として相応しい景色となるよう、意識的に窯詰めされている点も見逃すわけにはいかない。つまり、茶の湯や茶陶の作法を知らない陶工にはできないような窯詰めなのである。

たしかに、当時の朝鮮陶工がつくった白磁などにもユニークなものはある。一部の作品の肩には茶褐色の灰がふりかかった跡があり、形をわざと歪めたり変形させたり、また透かし彫りを施したりしたようなものが全くみられないわけではない。

しかし灰かぶりについていえば、内ヶ磯窯の茶陶に見られるような意識的な窯詰めによって発生したような灰かぶりではなく、むしろ須恵器や初期の備前焼の灰かぶりと同じで無作為なのである。加えて朝鮮陶工は窯詰めの際、薪の灰が溶けずに大量に降りかかる位置には製品を置かない。もしもそのような場所に入れて焼かなければならないような場合には、匣（サヤ）（箱状の容器）などに入れて灰が掛からないようにするか、黒発色の製品をその場所に置いて焼いているようだ。

さらに朝鮮陶工たちは、斑釉の上に大量に降り掛かった灰が下地の釉薬と溶け合わない状態で窯の焚き止めは行わないであろう。朝鮮陶工たちは、いわゆる灰かぶりの美より釉薬自体の美しさを追求しているように思える。

つまるところ一番大切なのは窯詰め、焼成の温度と時間、そして焚き止めのタイミングである。ここをクリアしなければ黄金色の肌合いは得られない。

そのためにはまず最適な窯の構造と窯位置の確保が条件となる。この窯変は一般的な斑釉より若干低い温度で焼いたところで発生するので、そのような温度帯を設けるには必然的に窯の奥行きを深くせざるを得ないのである。

手回し轆轤ならではの達人技

次に成型道具の主役たる轆轤について述べたい。茶陶の成型においては主に手回し轆轤が使用されていたと考えられる。それは次のような現象からも確認できる。すなわち「王」印の伝世品の多くに見られる轆轤成型時の現象で、専門用語で「ヤレ」といわれる器表面の指目の痕である。通常では同じような太さで下から上に上がっていくのに対し、回転の緩やかな轆轤上で引き上げを速くおこなったときだけ、反転する轆轤目が一ヶ所できるのである。

楽山師が言われた通り、「木の板の轆轤は一気に土をのばさないと止まってしまう。轆轤より手が早く動かないとだめで、轆轤の技術が進んでこないと土を生かしきれない。手回しの轆轤はどうしてもヤレがあるので、それが微妙な味をつくってくれる」のであって、まさにこのヤレこそが陶工の技量を証明しているといえる。実際に手回し轆轤と足蹴り轆轤で試してみても、速度の速い足蹴り轆轤ではその現象は起きないのである。

沓形茶碗はまず碗なりに轆轤水挽きした後、口端部より腰までをつくるため、特殊な指のはさみ込みで引き下ろして直線的な胴部分をつくる。この作業によって腰の切れ上がった半筒形が成型される。手勝手の回数としては、轆轤目の状態から三手ほどで半筒形までの成型を終えているものと思われる。その後半筒形になったものを不等辺三角形の沓形に歪める。その際、親指の腹や手のひらを使うのだが、内側から指を添えてボセ痕をつける場合もある。唐九郎翁慈愛の「王」印茶碗正面の縦の凹みもその一例であろう。

かつて渡りの陶工は、手回し轆轤に引っ掛けて轆轤を操る「ボセ（棒）」一本だけを持って各地を渡り歩いたという。かつそのボセは陶工によって取っ手部と柄の角度、大きさや形が異なっていたといわれている。

通常手回し轆轤は、轆轤回転が止まってしまうと作業の手を止めボセをかけ直し、ふたたび轆轤を回さなければならないという弱点がある。そのため、足蹴り轆轤のように次々と流れるようにはつくり出せない。だが達人はボセを手放すことなく茶碗などをつくることができた。この時、茶碗内側で粘土を引き上げて成型するために渦巻き状の指痕が残る。普通は内ゴテを使ってこの後を消すのだが、達人はボセを内ゴテに持ちかえることなく、自分の親指の腹をコテ以上に巧みに使いこなして茶碗などの内側（見込み）の轆轤目を消していくのである。その際、親指の先を第一関節からほぼ直角に曲げることができないとこの作業はできない。そのため轆轤師の家に生まれた子は、まず指のつくりを見て轆轤師になれるかどうかを決められたという。

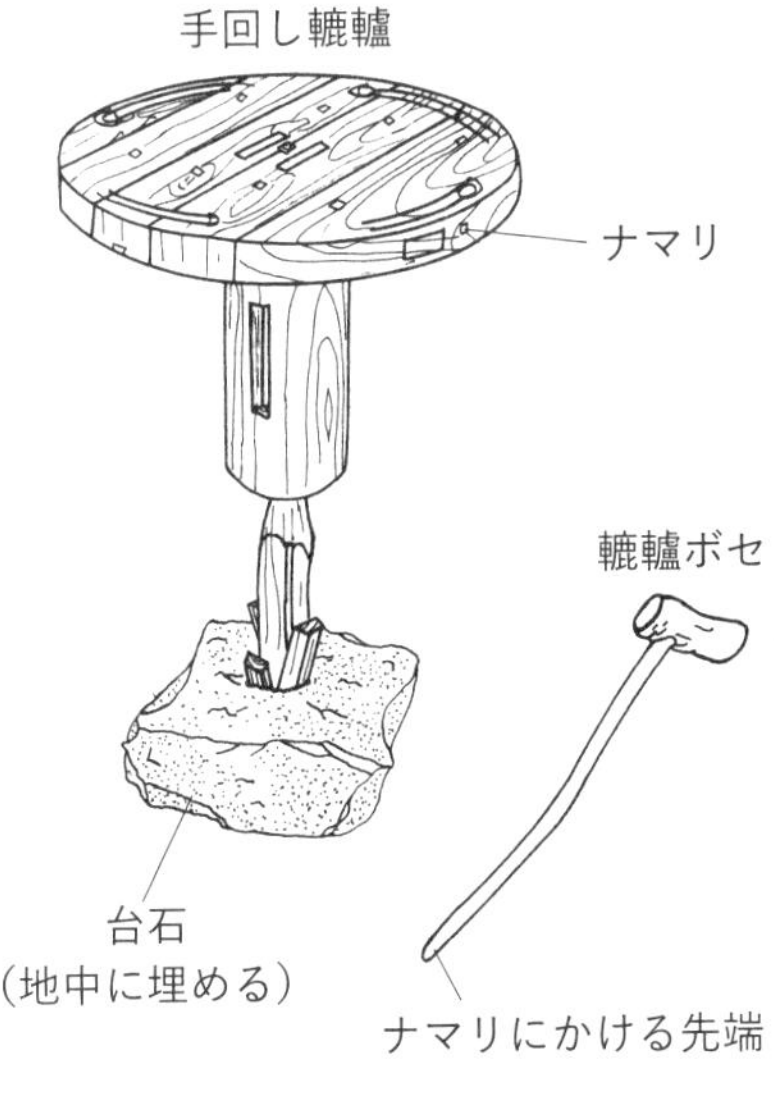

あえて難しい場所に窯詰め

「王」印が刻まれた出土品は、低温で焼かれた、いわば生焼けに近いものが多い。そのため、「王」印の沓形茶碗は抑えられた釉調のものが多い。この点から、「王」印の茶碗は窯室の後ろの部分で焼かれていたと推測される。この点は焼成実験でも確認済みである。

一方、雑器陶片の中には、高台の下に土団子を使って重ね焼きした皿類がくっつきあって塊状になったものが多い。この土団子による重ね焼きの窯詰めは、朝鮮陶工によって持ち込まれた技法といえる。釉薬が焼成中に溶け出して融着したもので、火当たりの強い、火元に近い窯位置で焼かれたものだけに見られる現象である。

ところが「王」印の沓形茶碗は、土団子、輪ドチまたは籾殻を使って焼台の上に置いて焼成していた痕跡がある。窯の奥で、細かい灰が窯の天井を伝わり降りかかってくる位置、すなわち次の窯室に火を送り込む通焔口に直接置いて焼かれているのである。

この場所は、朝鮮陶工はもとより日本の陶工であっても、茶陶を焼かない場合には通常窯詰めしない場所である。この窯位置に製品を置くと効率よく温度が上がらず、窯焚きの妨げになるからである。

朝鮮陶工たちは、均一に焼き出せる「一番床」と呼ばれる窯位置を使って焼成を行なっている。それに対し、内ヶ磯窯の陶工は均一に焼くことの難しい「二番床」以下をあえて使って茶陶を焼き出している。内ヶ磯窯は、この肌合いを実現するためにわざわざ二番床を広く設けた窯なのである。

ねらし焚き

高取の歴代の窯と比較してみても、内ヶ磯窯ほど窯室の奥行きが深い窯は存在しない。内ヶ磯窯とよく似た窯に、同じ福智山麓の細川藩領側にあった上野・釜ノ口窯がある。内ヶ磯窯より数年前に築かれたとされる窯である。

連房窯の窯焚きでは、窯室内でどのような現象が起きているかを色見孔（あな）から確認する必要がある。窯の焚き口から薪を入れて火をつけ、徐々に温度を上げていくと、窯の中では温度が上がるにつれ空気の対流が早くなり、薪の灰が飛び回って製品の器表に付着する。その灰と器表の下地の釉薬が溶け合う温度になった後、「ねらし焚き」という、窯室全体の温度を均一化し器の肌が荒れないようにするために欠かせない工程を経て最後に窯を焚き止める。しかし内ヶ磯窯のように窯室の奥行きが深いと、火元に近い部分、つまり一番床とその奥の場所とでは釉薬の溶け方が異なり、当然火のよく当たる手前側の一番床のほうが奥の場所より先に溶ける。その時点では窯室の奥の二番床に詰められた製品の釉薬はまだ溶けてはいない。

こうした窯では、窯自身の蓄熱効果もうまく利用して焚き上げる技術が必要となる。それが「ねらし焚き」である。ゆっくりと時間をかけて焚けば窯内の温度は平均化されるが、急いで焚くと窯内の空気の対流だけが速くなり、窯全体の温度の均一化は相対的に遅れてしまう。この一番床と二番床の時間差による温度差をうまく利用した焼き方によって、施釉陶器である高取焼に備前焼と同じような灰かぶりの窯変を意識的に起こさせることを可能にしたのが、内ヶ磯窯の窯大将の技量なのである。

＊

「王」印の沓形茶碗や透文鉢の灰かぶりによる黄金色の美しい窯変は、内ヶ磯窯という、他に類を見ない最新式の大窯で焼き出されたものであり、他の窯では実現できなかった。これは窯詰めの方法、窯の構造、土、釉薬、茶陶に練達した陶工による成型、焼成などすべての条件を満たして初めて出現する意匠といえる。

内ヶ磯窯でつくられた「織部高取」の茶陶は、消費地である京三条「せとものや町」を中心としたネットワークを通じて熟練の名工が集結して制作されたものである。中でも「王」印の茶陶群は、桃山の渡り陶工が積み上げてきた技術の集大成といっても過言ではない、超特級の逸品なのである。

Ⅳ 「王」印の割高台茶碗について

以前、四つ割高台の立ち上がった角に「王」印が一つずつ、計四ヶ所に刻まれた珍しい素焼きの陶片を見たことがある。この高台はかつて織部が所持し、大坂の豪商・鴻池(こうのいけ)家を経て伝世した大名物(おおめいぶつ)の茶碗(図145)と同じ作りで、極めて珍しい形の割高台であった。「王」印はなぜか指先で潰した痕があった。残念ながらその陶片の持ち主は他界し、ご遺族が廃棄してしまわれたようである。

ところが最近、これとよく似た伝世品と出会った(238ページ、図141、図146)。この茶碗は口径一五・五センチ、高さ一〇・四センチとかなりの大ぶりで、「王」印が刻まれている。この茶碗は黒田家の重臣だった母里家から幕末・明治のころに流出した可能性が高いとのことであった。母里家は、内ヶ磯窯の築かれた直方の鷹取城城主を務めた家柄でもある。

織部所持として伝わる大名物茶碗の口部は楕円形で右回転の轆轤、口径一二・〇〜一三・五センチ、高さ九・一〜九・五センチである。釉薬に動きがない点から、比較的短時間の焼成によるものであると推測される。釉薬をかける際についた指目痕や取っ手のようなものを掻き落

図145　古田織部所持として伝わる大名物の割高台茶碗。諸名家を経て鴻池家に伝世、畠山即翁（一清）の手に渡った。高麗物の逸品として知られている（畠山記念館蔵）

としたような痕も確認できる。窯印は無いようである。

実はさらにもう一点、これとよく似た伝世品の割高台茶碗が伝世し、こちらには「王」印が刻まれている（図147）。

この三つの割高台茶碗はいずれも「ハタノソリタル茶碗」、すなわち口縁が外側に反った姿形で、茶碗正面にできた傷をあえて景色としている点、さらには十字に切った割高台に指がかかる位置が絶妙である点など、いずれも茶陶を知り抜いた者ならではの作為的な作りである。

図145と146の割高台の十文字は、どこかクルス（十字架）を思わせ、その立ち姿はキリスト教

図146　「王」印の入った伝世品の割高台茶碗
（個人蔵、図140と同じもの）

上の茶碗を側面から見た図。右は窯印の位置を示すため筆者が複製したもの

上の茶碗の高台部を拡大したもの

図147 「王」印入りの大ぶりな割高台茶碗。正面の独特な歪みを見所としている点は、大名物の高麗茶碗と共通している(個人蔵)

の聖杯をも連想させる。事実、大名物の割高台茶碗(図145)はもともとキリシタンの洗礼用祭器または筆洗だったと考えられている。

織部の意匠にクルス風の文様が多く見られるのは周知のとおりで、福岡藩祖・黒田如水は「ドン・シメオン」の洗礼名を持つ熱心なキリシタン大名であったことで知られている。その重臣の家系には、マリア観音像などキリシタン由来の遺物が伝えられており、近年、福岡城の瓦に十字架風の文様が刻まれていたことが、福岡市の元文化財担当職員・井澤洋一氏によって報告されている。「十文字」の割高台をこうした文脈で解釈してみたい誘惑にも駆られるが、どんなものだろうか。今後の研究を待ちたい。

あとがき

本書は福岡県直方市にあった高取焼の古窯・内ヶ磯窯で焼かれた茶陶の発掘調査を糸口に、「茶陶高取」を生み出した謎の大窯・内ヶ磯窯の実像を追ったものである。

また同時に、桃山茶陶の名品を焼き出した職人たちの知られざる姿にも迫った。

本編の考察では、これまで言及されることのなかった別所吉兵衛や弥之助といった陶工にも言及した。特に弥之助は「天下一の織部の隠れ大窯」であった内ヶ磯窯を築窯し、窯詰めから焼き上がりに至るすべてを把握して行なっていた〝窯大将〟と考えられる人物であった。

内ヶ磯窯は、〝灰かぶり〟を焼き出そうという明白な意図をもって築かれた本格的な茶陶窯である。窯大将・弥之助だけでなく、高取に下った記録のある弟の茂右衛門、従兄の別所吉兵衛、糸割符の豪商でもあった有来新兵衛といった桃山の渡り陶工が関わった可能性は限りなく高いといえる。

彼らの痕跡は、流通の中心であった京三条「せとものや町」界隈でも確認することができた。また内ヶ磯窯には、彼ら「織部六作」だけでなく、「瀬戸六作」「瀬戸十作」の陶工の窯印も残されていた。

おそらく京三条に店を構えていた「瀬戸の陶主」こと別所吉兵衛が注文を受け、茂右衛門を始めとした陶工によって制作が行われ、弥之助が窯詰めと窯焚きを担当するといった構図が出来上がっていたのであろう。また自らが制作する必要がある場合には、吉兵衛自身も内ヶ磯窯に出向いた。その例が内ヶ磯窯製の「二」印茶陶の出土品である。「二」印の意匠は斬新な織部好みが大半で、初窯で焼かれた形跡があった。

桃山期の陶工が各地を渡り歩いて作陶していたことは、当時の大名家の文書史料や伝承にも残されていた。流通の要は、京三条に屋敷があった「唐物屋」の有来新兵衛や「万屋」の別所吉兵衛であったろう。「堺の船頭」茶臼屋小兵衛といった海運向きの陶工もいた。

渡りの陶工は、こうした様々のネットワークを築いていたが、内ヶ磯窯を築いた黒田藩では、その出荷の目付として五十嵐次左衛門のような人物を召し抱え、現場での管理・統制を担当させた。五十嵐次左衛門が士分として取り立てられていたこと、後に彼の輩下の「細工人」の起こした罪によって直礼の礼式を召し上げられたことが、その証左といえる。

また当時の茶陶・茶の湯を考える上で、京都・大徳寺の存在を抜きにすることはできない。大徳寺百五十六世住持の江月宗玩は織部、遠州同様、茶の湯を含めた桃山文化の大立者で、特に内ヶ磯窯の築窯から「茶陶高取」の名声が確立するまでの流れに貢献した人物だった。

こうした点からも、内ヶ磯窯は周到な計画の下に築窯された窯であったと結論できる。博多の豪商・神屋宗湛の遺した『宗湛茶湯日記』もまた、内ヶ磯の築窯計画が円滑に進むよう、重要人物と接しながら綿密な準備を進めていたことを示唆する貴重な史料であった。

*

「桃山陶の真実を知りたければ、書物で学ぶな。足を使って現場と現物から学びとれ。現場と現物は正直だから、素直な気持ちで真摯に接していれば、そのうち答えを出してくれる」

こう言って激励してくれたのは、備前焼二代目・藤原楽山先生であった。それから三十余年が過ぎ、ようやくここまでたどり着くことができた。何回も同じ伝世品、出土品を観察し、現場に足を運び、自分の目で確かめることが如何に重要であるのかを、身をもって痛感し続けた日々であった。

桃山茶陶をめぐる謎を掘り下げる過程では、技術検証だけでは整理できず、限界に突き当たった時期もあった。だがこうして成果を世に問うことができたのは、幼少のころより今に至るまでお世話になった諸先達始め、多くの方々のお蔭である。また古高取発祥の地、直方出身の妻と出会い、直方の地に移り住んだことで内ヶ磯窯跡から出土した古高取に出会うことができた。偶然というにはあまりに不思議な出来事が順序良く繋がらなければ、今回の出版は叶わなかった。各地の発掘調査の結果が公表されていった時期とも重なり、現場のデータを集めることができた。重ねての幸運だった。

日本独自に発達を遂げた文化、そしてそれを培った先人たちを敬い、その教えだけでなく遺品を大切にすることも、茶の湯という奥深い文化の一部である。現代に生きる私たちは、桃山茶陶を生み出した名人達の気高き美学の前に、ただただ頭（こうべ）を垂れるばかりである。

現在筆者は急性前骨髄性白血病の治療中であるが、許されるものなら、気のおけない多くの仲間とともに内ヶ磯窯のような窯をつくり、「雪の降り始めるころから蝉の鳴くころまで」、気の遠くなるような長時間の窯焚きをして、苦労を分かち合った方々とその窯で焼けた茶器で一服のお茶を楽しんでみたい。

さらに、欲張りといわれても仕方がないが、第二の故郷である愛する直方の地に、桃山の茶人や職人たちが伝えようとした哲学を未来の人達に残し、伝えることのできる資料館を、多くの方々の知恵と力を賜りながらつくることができればと願っている。

*

末尾となりましたが、本書の出版にあたり快く協力して下さった舌間信夫、田村悟、牛嶋英俊、河面直人、一尾泰嗣、日隈精二、田中紀子、鷹取宗恵、白石秀文、母里公平、母里聖徳、前野克幸、藤田洋三の各氏、そして筑豊の茶道の先生方や九州歴史資料館、直方郷土研究会、古高取を伝える会、古高取を顕彰する会、直方文化連盟、NPOアイアートレボを始めとした多くの個人・団体のお力添えを頂きました。今は泉下にある阿部平臣、荻迫喜代子さんには、家族ぐるみでお世話になりました。さらに筆者の闘病生活を支えて下さった整療会の岡部公則さん、主治医の青木健一先生にも、衷心より感謝申し上げます。

この間筆者を温かく見守り続けてくれた家族と、昨年二月、本書の上梓を待たずに天上に召された長男・将（しょう）に本書を捧げます。

最後までご精読頂いた皆様、ありがとうございました。

二〇一四年八月

著者識

主要参考文献

○発掘調査報告書類

『古高取　内ヶ磯窯跡』（直方市文化財調査報告書　第4集）直方市教育委員会　1982年

『古高取　永満寺宅間窯跡』（直方市文化財調査報告書第5集）直方市教育委員会　1983年

『内ヶ磯窯跡1～3』（福岡県文化財調査報告書　第163、170、181集）福岡県教育委員会　2001～2003年

『白旗山窯跡』（飯塚市文化財調査報告書　第16集）飯塚市教育委員会　1992年

『上野古窯調査報告書』社団法人日本陶磁協会　1955年

『岸岳古窯跡群Ⅱ』（唐津市文化財調査報告書　第132集）唐津市教育委員会　2006年

○図　録

『大名茶陶　高取焼展』福岡市美術館／根津美術館　2005年

『内ヶ磯古窯発掘記念　大名茶陶　高取・上野・八代』朝日新聞西部本社　1981年

『古高取宅間・内ヶ磯窯展』古高取を顕彰する会　2005年

『高取焼展　出土品が語る筑前陶器のはじまり』直方市・直方市教育委員会　2006年

『筑前国陶たかとりやき　高取焼展』福岡市美術館協会　1987年

『福岡の陶磁展』佐賀県立九州陶磁文化館　1992年

『京三条せともの や町展』茶道資料館　2012年

『洛中桃山のやきもの　新兵衛宅跡出土資料ほか』土岐市美濃陶磁歴史館　1997年

『かつて内ヶ磯は唐津だった　古高取・古唐津展』古高取を伝える会　2011年

『川喜田半泥子がみた名品』公益財団法人石水博物館　2013年

『織部様式の成立と展開』土岐市美濃陶磁歴史館　2005年

『志野・黄瀬戸・織部のデザイン』愛知県陶磁資料館　2010年

『桃山時代の茶陶生産』土岐市美濃陶磁歴史館　2008年

『時代別続古備前名品図録』光美術工芸株式会社　1976年

『追悼　加藤唐九郎展』加藤唐九郎追悼展実行委員会編　1987年

○**論　文**

「筑前国焼高取焼の様式変化について」副島邦広（『九州歴史資料館研究論集31』所収）九州歴史資料館　2006年
「高取焼・永満寺宅間窯跡と内ヶ磯窯の発掘調査」副島邦広（『陶説』第20号所収）1991年
「肥前陶磁の出土分布」大橋康二（『国内出土の肥前陶磁』所収）佐賀県立九州陶磁文化館　1984年
「上野・高取」（『九州陶磁の編年』所収）九州近世陶磁器学会　2000年
「唐津焼創始時期——1580年代説——を問う」木島孝之（『韓国の倭城と壬辰倭乱』岩田書院　2004年所収）
「古田織部とオリベ陶」国分義司（『名古屋学芸大学教養・学際編・研究紀要　第2号』所収）

○**全集・史料集**

『筑前高取焼の研究』（福岡市美術館叢書5）尾崎直人編著／福岡市美術館　2014年
『古唐津』社団法人出光美術館　2004年
『茶道美術全集』（シリーズ）淡交社
『日本陶磁大系』（シリーズ）平凡社
『日本のやきもの』（シリーズ）淡交新社
『カラー日本のやきもの　4　唐津』淡交社　1974年
『陶磁大系』（シリーズ）平凡社
『太陽やきものシリーズ　志野・織部』平凡社　1976年
『探訪日本の陶芸　6　備前・砥部』小学館　1980年
『世界陶磁全集』（シリーズ）小学館
『普及版　日本の陶磁　5　唐津』林屋晴三編　中央公論社　1989年
『千利休　「侘び」の創造者』（別冊太陽・日本のこころシリーズ）湯原公浩編　2008年
『日本歴史シリーズ　第10巻　安土・桃山』世界文化社　1966年
『福岡県史　文化史料編　筑前高取』財団法人西日本文化協会編　1992年
『宗湛茶湯日記』財団法人西日本文化協会編　1984年
『高取家文書』高取静山編　1979年
『茶碗　窯別銘款』黒田和哉編著　グラフィック社　1

998年
『茶道古典全集』（シリーズ） 千宗室ほか編 淡交社

○辞典類

『原色茶道大辞典』 淡交社 1975年
『角川茶道大辞典』 林屋辰三郎ほか編 角川書店 1990年
『古備前大事典』 桂又三郎 備前館 1975年
『黒田三藩分限帳』 福岡地方史談話会編 1978年

○雑誌・定期刊行物

『郷土直方』 直方郷土研究会
『陶説』 日本陶磁協会
『淡交』 淡交社
『茶道雑誌』 河原書店
『季刊 炎芸術 備前を作る』 阿部出版
『季刊 陶磁郎』 双葉社
『にほんのやきもの〈窯別ガイド〉』 淡交社
『海路 第6号』 海路編集委員会編 海鳥社 2008年

○単著・他

『生活と芸術 改訂版』 熊倉功夫 放送大学教育振興会 1985年
『古唐津の歴史 岸岳唐津・松浦唐津編』 中里紀元監修 松浦文化連盟 2002年
『唐津焼の研究』 中里逢庵 河出書房新社 2004年
『唐九郎のやきもの教室』 加藤唐九郎編著 新潮社 1984年
『古田織部 桃山文化を演出する』 矢部良明 角川書店 1999年
『古陶磁のみかたのコツ』 冨岡大二 淡交社 1988年
『茶器とその扱い』 佐々木三味 淡交社 1954年
『唐津やきもののルネサンス』 新潮社（とんぼの本） 2004年
『瀬戸もん百聞』 加藤元男文／杉本誠写真 矢来書院 1976年
『茶人伝』 淡交社 1979年
『茶人の逸話』 筒井紘一 淡交社 1984年
『備前焼の系譜』 目賀道明 れんが書房新社 2003年
『薩摩焼の研究』 田澤金吾／小山富士夫 東洋陶磁研究所 1941年
『小堀遠州 綺麗さびの極み』 小堀宗実、熊倉功夫ほか著 新潮社（とんぼの本） 2006年
『備前焼』 日幡道明 1957年

関連略年譜

一一六八（仁安三）　瀬戸焼の〝陶祖〟加藤四郎左衛門景正（号・春慶）生まれる
一四二三（応永三〇）　村田珠光生まれる
一四七四（文明六）　村田珠光、〝さび茶〟を提唱
一五〇二（文亀二）　武野紹鴎生まれる
一五二二（大永二）　千利休生まれる
一五四三（天文一二）　古田重然（織部）、美濃国に生まれる
一五五一（天文二〇）　神屋宗湛生まれる
一五五八（永禄元）　本阿弥光悦生まれる
一五六三（永禄六）　信長、瀬戸六作を選定
一五六七（永禄九）　古田家、美濃に進駐した信長に仕官
一五六九（永禄一二）　織部、中川清秀の妹せんと婚姻
一五七四（天正二）　津田宗及の子、江月宗玩（こうげつそうがん）生まれる
一五七九（天正七）　小堀遠州生まれる
一五八〇（天正八）　利休七哲の牧村長兵衛（兵部）、安土城の正月茶会（宗及他会記）で歪み茶碗初見
一五八二（天正一〇）　一月三日神屋宗湛、大坂城の大茶会で秀吉に謁見
一五八四（天正一二）　黒田孝高（如水）、秀吉より豊前国一二万石を拝領、中津に入城。金森宗和生まれる
一五八五（天正一三）　二月八日、豊臣秀長が千利休・津田宗及・山上宗二を招き茶会。このころから変形の「歪み茶碗」が流行、古田織部の沓形茶碗へと発展したか
一五八六（天正一四）　六月九日秀吉茶会。一一月、宗湛上洛。『宗湛茶湯日記』執筆開始
一五八七（天正一五）　北野大茶会。一月一一日、豊臣秀長、神屋宗湛を郡山に招

待し茶会。四月、九州攻め

一五八八（天正一六）　九月四日、千利休、大徳寺の春屋宗園らを招き、九州流罪の古渓宗陳を偲ぶ茶会（「利休茶会記」）

一五九〇（天正一八）　このころ、有来新兵衛、京三条に店を開く

一五九一（天正一九）　二月二十八日、千利休自刃。八月津田宗及没

一五九二（文禄元）　名護屋城築城。文禄の役。織部、名護屋城へ同行。神屋宗湛、名護屋城の秀吉の黄金茶室の茶会に招かれる（『宗湛茶湯日記』）。この頃八山（高取八蔵）、黒田長政に拝謁。長政の命で後藤又兵衛の家人・桐山常右衛門が八山夫婦と一子を連れ帰国か

一五九三（文禄二）　黒田長政、朝鮮より帰国。このころ、唐津・道納屋谷窯開窯か

一五九七（慶長二）　京三条千拓。（岐阜県土岐市、美濃久尻元屋敷の織部焼きを量産した唐津式連房登窯跡から「慶長二年」銘の陶片出土）

一五九八（慶長三）　八月一八日、豊臣秀吉没。朝鮮出兵将兵帰国

一五九九（慶長四）　二月一八日、大坂城で秀吉葬儀。利休の命日（＝二月二八日）に古田織部、京伏見で神屋宗湛が「ヘウケモノ」と記した沓形茶碗を茶会で披露（『宗湛茶湯日記』）。三月、古田織部、吉野竹林院で利休鎮魂の花見の茶会。遠州、金森可重、その他京衆、堺州総勢三〇名（『松屋会記』）

一六〇〇（慶長五）　一二月、黒田長政、関ヶ原の軍功で豊前中津から筑前五二万石へ移封

一六〇二（慶長七） 黒田如水、長政親子、寺沢志摩守、神屋宗湛と茶会。細川忠興（三斎）小倉城移封。このころ、織部茶会での唐津焼使用が増加

一六〇三（慶長八） 徳川家康、征夷大将軍に任ぜらる。黒田如水、大友義統（宗麟）と対決し大友家滅ぼす。細川忠興（三斎）小倉から豊前中津城移封（七年説あり）。鍋島勝茂、黒田如水同席の織部の茶会で唐津焼の茶入と茶碗使用（『坊所鍋島家文書』）

一六〇四（慶長九） 二月八日、黒田長政と神屋宗湛が瀬戸の沓形茶碗を用い福岡城で茶会（『宗湛茶湯日記』）。三月、黒田如水、京伏見の藩邸で没

一六〇五（慶長一〇） 『宗湛茶湯日記』に「肩衝サツマヤキ」、「六月朔日盡□」の記述。古田織部、伏見で堺の長老衆、毛利家の家臣と宗湛との五人茶会で「唐津ヤキ茶碗」、「今焼水指」を用いる。このころ、上野・釜ノ口窯開窯

一六〇六（慶長一一） 高取・宅間窯開窯

一六一〇（慶長一五） 九月「比ころ数奇者の隋一古田織部江戸へ参向。将軍様御茶の湯の稽古あそばさるる」（『慶長見聞録案紙』）。この年、織部が江戸屋敷で頻繁に茶会を催す

一六一三（慶長一八） 神屋宗湛『宗湛茶湯日記』断筆

一六一四（慶長一九） この年、高取・内ヶ磯窯開窯か（『筑前国続風土記』『高取歴代記録』）

一六一五（慶長二十） 六月一一日、古田織部、伏見の屋敷で自刃。鷹取城、一国

	一城令により廃城となる。五月、大坂夏の陣終局、大阪城落城
一六一六（元和二）	四月、徳川家康没
一六二〇（元和六）	このころ唐津藩家士・五十嵐次左衛門が黒田家に取り立てられ、内ヶ磯窯に参画か（『筑前国続風土記』『東山高取焼仕法記』）
一六二一（元和七）	江月宗玩、藩主長政の依頼で福岡へ。横嶽山崇福寺復興開山
一六二三（元和九）	八月、黒田長政没。東蓮寺藩（直方藩）立藩
一六二四（寛永二）	この頃、高取八蔵親子、黒田忠之の怒りを買い山田村への蟄居を命ぜられる（山田窯開窯）。宗湛、茶入「博多文琳」を黒田忠之に献上
一六二五（寛永三）	関所・駅伝の制
一六二六（寛永三）	江月宗玩、直方に雲心寺開山
一六二八（寛永五）	九月八日、小堀遠州と江月宗玩、「高取焼耳付茶入」を朝茶会で使用（「遠州茶会記」）。江月、茶入「秋の夜」の賛詩と添書記す（『欠伸稿』）
一六三〇（寛永七）	高取八蔵親子、京伏見の小堀遠州のもとへ修行に赴く。高取・白旗山窯開窯（『筑前国続風土記』『高取歴代記録』）
一六三一（寛永八）	九月二二日と一〇月二日に小堀遠州茶会で「生野」使用（この茶入に江月の添書あり）
一六三五（寛永一二）	このころ高取八蔵親子、黒田忠之の御用陶工として京伏見から白旗山窯へ入職か。一〇月、神屋宗湛没
一六四七（正保四）	二月、小堀遠州没
一六五四（承応三）	二月、黒田忠之没。八月、高取八蔵没

［著者］
小山亘（こやま・わたる）
昭和34年（1959）、東京都の生花店に生まれる。幼少時より家業の関係で「電力の鬼」と呼ばれた松永安左エ門（耳庵）や田辺茂一（紀伊國屋書店創業者）など、茶陶に造詣の深い多くの先達と出会い、その影響下に育つ。育英高専在学中、教師の勧めで備前焼の二代目藤原楽山（岡山県指定重要無形文化財指定保持者）に師事、その陶技と桃山茶陶にまつわる多くの伝承を授かる。平成11年（1999）、移住した直方の地で古高取の実物を見て以来、その魅力に惹かれる。以降、古高取と桃山茶陶に関する実践的研究を続け、今日に至る。

著者が復元制作した沓形茶碗

「織部好み」の謎を解く　古高取の巨大窯と桃山茶陶の渡り陶工

2014年９月30日　初版第１刷発行

著　者　小山　亘
発行者　藤村興晴
発行所　忘羊社
〒810-0074　福岡市中央区大手門1-7-18
電　話 092-406-2036　FAX 092-406-2093
印刷・製本　シナノ・パブリッシングプレス